国家级职业教育规划教材
全国职业院校城市轨道交通专业教材

城市轨道交通安全管理

人力资源社会保障部教材办公室组织编写

林　茂　主编

中国劳动社会保障出版社

简介

本教材紧扣职业教育的特点和要求，结合城市轨道交通运输与管理主要岗位运营安全实际进行编写，主要包括城市轨道交通运营安全管理基础知识、城市轨道交通运营安全系统分析、城市轨道交通行车安全管理、城市轨道交通运营施工安全管理、城市轨道交通消防安全管理、城市轨道交通电气安全管理、设备安全管理、城市轨道交通应急处置等内容。教材配有电子课件，可通过技工教育网（http://jg.class.com.cn）下载。

本教材由林茂任主编，王海芬、王文静参加编写。

图书在版编目（CIP）数据

城市轨道交通安全管理 / 林茂主编 . -- 北京：中国劳动社会保障出版社，2020
全国职业院校城市轨道交通专业教材
ISBN 978-7-5167-4508-3

Ⅰ. ①城… Ⅱ. ①林… Ⅲ. ①城市铁路 – 交通运输安全 – 交通运输管理 – 高等职业教育 – 教材 Ⅳ. ①U239.5

中国版本图书馆 CIP 数据核字（2020）第 184155 号

中国劳动社会保障出版社出版发行
（北京市惠新东街 1 号　邮政编码：100029）
*
河北品睿印刷有限公司印刷装订　　新华书店经销
787 毫米 ×1092 毫米　16 开本　10.75 印张　207 千字
2020 年 11 月第 1 版　　2025 年 5 月第 8 次印刷
定价：25.00 元

营销中心电话：400-606-6496
出版社网址：http://www.class.com.cn
http://jg.class.com.cn

前　言

我国城市轨道交通自1965年北京地铁一期工程建设开始，经过了50余年的建设和发展，取得了显著成就。近年来，城市轨道交通正处于大规模高速发展时期，以北京、上海、广州为代表的特大城市已进入网格化建设阶段，尚有几十个城市正在建设或规划中。实践证明，发展城市轨道交通是解决城市交通问题的有效途径，对促进城市经济持续发展也起到了重要作用。

随着城市轨道交通行业的高速发展，城市轨道交通企业对从业人员的知识水平和职业能力提出了更高的要求。为了培养更加符合城市轨道交通企业需求的技能人才，我们组织了一批教学经验丰富、实践能力强的一线教师和行业、企业专家，在充分调研的基础上，编写了这套全国职业院校城市轨道交通专业教材。

这套教材包括《城市轨道交通概论》《城市轨道交通车辆基础》《城市轨道交通车站设备基础》《城市轨道交通行车组织》《城市轨道交通客运组织》《城市轨道交通车辆驾驶》《城市轨道交通乘客服务》《城市轨道交通车辆维护与检修》和《城市轨道交通安全管理》。

本次教材编写工作的重点主要体现在以下几个方面：

第一，突出教材的实用性。本着“学以致用”的原则，根据城市轨道交通企业的工作实际安排教材的结构和内容，对操作性较强的课程，教材在编写中安排了技能训练，突出对学生实际操作能力的培养。

第二，突出教材的先进性。根据城市轨道交通行业的现状和发展趋势，教材在编写过程中尽可能多地体现了新知识、新技术、新方法、新设备，以期缩短学校教育与企业岗位需求的距离，同时，严格执行国家最新技术标准。

第三，突出教材的易用性。新版教材充分考虑学生的认知规律，注重利用图表、实物照片和案例辅助讲解知识点和技能点，为学生营造生动、直观的学习环境，激发学生的学习兴趣。同时，教材还配有电子课件和习题册，便于教师开展教学和学生课后复习。

本套教材的编写得到了有关省市教育部门、人力资源社会保障部门和一批职业院校的大力支持，教材编审人员做了大量的工作，在此，我们表示诚挚的谢意！同时，恳切希望广大读者对教材提出宝贵的意见和建议。

人力资源社会保障部教材办公室

目　录

第一章　城市轨道交通运营安全管理基础知识

学习目标

◆ 掌握安全、危险、危险源的概念。

◆ 掌握四种安全标志的图形和代表含义。

◆ 了解城市轨道交通运营安全的主要研究内容、特点。

◆ 了解城市轨道交通运营安全的影响因素。

◆ 掌握城市轨道交通运营安全各因素之间的影响关系。

◆ 掌握城市轨道交通安全管理计划办法、安全管理决策方法，以及安全管理组织方法的定义、原则、特点。

随着国民经济持续快速发展，城市轨道交通已经成为城市居民重要的出行方式之一。城市轨道交通系统采用地下和高架的形式居多。这两种方式环境封闭、空间狭小，一旦发生火灾等突发事故，乘客难以逃生。因此提高事故应变处理能力，把安全事故降到最低程度，是城市轨道交通的首要任务。

第一节　城市轨道交通运营安全管理概述

城市轨道交通运营安全管理内容包括运营安全管理的基本概念、危险源的概念及其分类、安全色及其安全标志、运营安全的特点等。通过本节内容的学习，可以为城市轨道交通运营安全管理打下坚实的基础。

一、基本概念

1. 安全的概念及意义

（1）安全与安全生产

从城市轨道交通运营系统安全的角度出发，安全是指整个轨道交通运营系统在规定的条件下，使事故的风险控制在可接受水平的一种状态。

安全生产是指在生产过程中，防止人员伤亡事故、设备事故及各种灾害的发生，以保障员工的安全健康和企业生产的正常运行。安全生产是安全与生产的统一，安全促进生产，生产必须安全。城市轨道交通运营安全生产是在运营过程中以乘客安全和行车安全为中心的城市轨道交通运营生产管理。

（2）安全的意义

安全生产关系人民群众的生命和财产安全。对于城市轨道交通而言，安全是城市轨道交通运营中的头等大事，只有把乘客安全、准确、舒适地送往目的地，才能保证城市交通运营企业的经济效益。

2. 危险源

（1）基本概念

危险源是指可能造成人员死亡、伤害、职业病、财产损失、工作环境破坏或这些情况组合的根源或状态。在《职业健康安全管理体系要求及使用指南》中，危险源指可能导致人身伤害或危险情况的根源，或者可能导致人身伤害和健康损害暴露的状况。

危险源识别是识别危险源的存在并确定其特性的过程，实质是找出组织中存在的人的不安全行为、物的不安全行为，以及作业环境中存在的危害因素及管理缺陷。

（2）危险源类别

危险源包括物理性危险源、化学性危险源、生物性危险源、心理和生理性危险源、行为性危险源和其他危险源等，见表1–1。

表1–1　　危险源的分类

类别	主要内容
物理性危险源	设备、设施、工具、附件缺陷（强度不够、刚度不够等）
	防护缺陷（无防护、防护不当、防护距离不够等）
	电伤害（带电部分裸露、漏电、静电、电火花等）
	噪声（机械性噪声、电磁性噪声、流体动力性噪声等）
	振动危害（机械性振动、电磁性振动、流体动力性振动等）
	电离辐射（中子、质子、高能电子束等）
	非电离辐射（紫外辐射、激光辐射、微波辐射等）
	运动物危害（抛射物、飞溅物、反弹物、气流卷动等）
	明火
	高温物质（高温气体、高温固体、高温液体等）
	低温物质（低温气体、低温固体、低温液体等）

续表

类别	主要内容
物理性危险源	作业环境不良（基础下沉、安全过道缺陷、有害光照、通风不良、缺氧、空气质量不良、给排水不良、气温过低、自然灾害等）
	信号缺陷（无信号设施、信号选用不当、信号不清等）
	标志缺陷（无标志、标志不清晰、标志不规范、标志位置缺陷等）
	其他物理性危险源
化学性危险源	易燃易爆物质
	自燃性物质
	有毒物质
	腐蚀性物质
	其他化学性危险源
生物性危险源	致病微生物
	传染病媒介物
	致害动物
	致害植物
	其他生物性危险源
心理和生理性危险源	负荷超限（体力负荷超限、听力负荷超限、心理负荷超限等）
	健康状况异常
	从事禁忌作业
	心理异常（情绪异常、冒险心理、过度紧张等）
	辨识功能缺陷（感知延迟、辨识错误等）
	其他心理和生理性危险源
行为性危险源	指挥错误
	操作失误
	监护失误
	其他行为性危险源
其他危险源	

3. 安全色与安全标志

（1）安全色和对比色

1）定义。安全色是被赋予安全意义而具有特殊属性的颜色，包括红、黄、绿、蓝四种颜色，用于表示禁止、警告、提示、指令等。安全色的作用是使人能够迅速注意到影响安全、健康的对象或场所，提醒人们注意，以防发生事故。本书所说的安全色不适用于航海、内河航运以及其他目的而使用的颜色。对比色是使安全色更加醒目的反衬色，包括黑、白两种颜色。

2）种类和用途。安全色的含义和用途见表 1–2。

表 1–2　安全色的含义和用途

颜色	含义	用途举例
红色	禁止	城市轨道交通高压供电设备，表示高压危险、禁止触摸
	停止	车辆上的紧急停止按钮
	危险	行车中的红闪灯
	消防	灭火器、火灾自动报警设备
蓝色	指令	指引车辆行驶方向的各种标志
黄色	警告	标志和标线
	注意	站台安全线
绿色	提示	提示标志
	通过	车辆和行人通行的标志
	允许	消防疏散通道

对比色的含义和用途见表 1–3。

表 1–3　对比色的含义和用途

颜色	含义	用途举例
黑色	几何边框	用于安全标志的文字、图形符号和警告标志的几何边框
白色	背景色	用于安全标志红色、蓝色、绿色的背景色

此外，安全色和对比色的搭配必须符合规定，见表 1–4。

表 1–4　　安全色和对比色的搭配

安全色	对比色
红色	白色
蓝色	白色
黄色	黑色
绿色	白色

安全色和对比色搭配的用途见表 1–5。

表 1–5　　安全色和对比色搭配的用途

颜色	含义	用途举例
红白相间	禁止跨越	防护栏和隔离墩
黄黑相间	注意	当心滑跌标志
蓝白相间	指示标志	城市轨道交通导向标志
绿白相间	醒目	安全标志杆

（2）安全标志

安全标志是表达特定安全信息的标志，由图形符号、安全色、几何形状（边框）或文字构成。

安全标志分为禁止标志、警告标志、指令标志和提示标志四类。

1）禁止标志。禁止标志是禁止人们不安全行为的图形标志。图形基本形式是带斜杠的圆边框，图形符号为黑色，几何图形为红色，背景色为白色，其图形和含义如图 1–1 所示。

禁止停留

禁止攀登

禁止吊篮乘人

禁止跨越

禁止堆放

化纤
禁止穿化纤服装

禁止放易燃物

禁止转动

禁止通行

禁止戴手套

禁止入内

禁止合闸

禁止跳下

禁止用水灭火

禁止穿带钉鞋

禁止启动

禁止抛物

禁止携带托运
易燃易爆物品

禁止携带托运
放射性及磁性物品

禁止携带托运
有毒物品及有害液体

图 1–1　禁止标志

2）警告标志。警告标志是提醒人们对周围环境引起注意，以避免可能发生危险的图形标志。图形基本形式为正三角形边框，图形符号和几何图形均为黑色，背景色为黄色。其图形和含义如图 1–2 所示。

当心火车

当心激光

当心爆炸

当心电缆

当心腐蚀

当心裂变物质

当心冒顶

当心塌方

当心坠落

当心机械伤人

当心弧光

当心微波

当心中毒

当心感染

注意安全

当心火灾

当心烫伤

当心车辆

当心电离辐射

当心伤手

当心扎脚
当心触电
当心坑洞
当心自动启动
当心碰头
当心叉车
当心跌落
当心磁场
当心低温
当心高温表面
当心落水
当心缝隙
当心落物
当心吊物
当心障碍物
当心滑倒
当心挤压
当心夹手
当心有犬

图 1–2　警告标志

3）指令标志。指令标志是指强制人们必须做出某种动作或采用某种防范措施的图形标志。图形基本形式为圆形边框，图形符号为白色，背景色为蓝色。其图形和含义如图 1–3 所示。

图 1–3　指令标志

4）提示标志。提示标志是指向人们提示某种信息（如标明安全设施或场所等）的图形标志。图形基本形式为正方形边框，图形符号为白色，背景色为绿色。其图形和含义如图 1–4 所示。

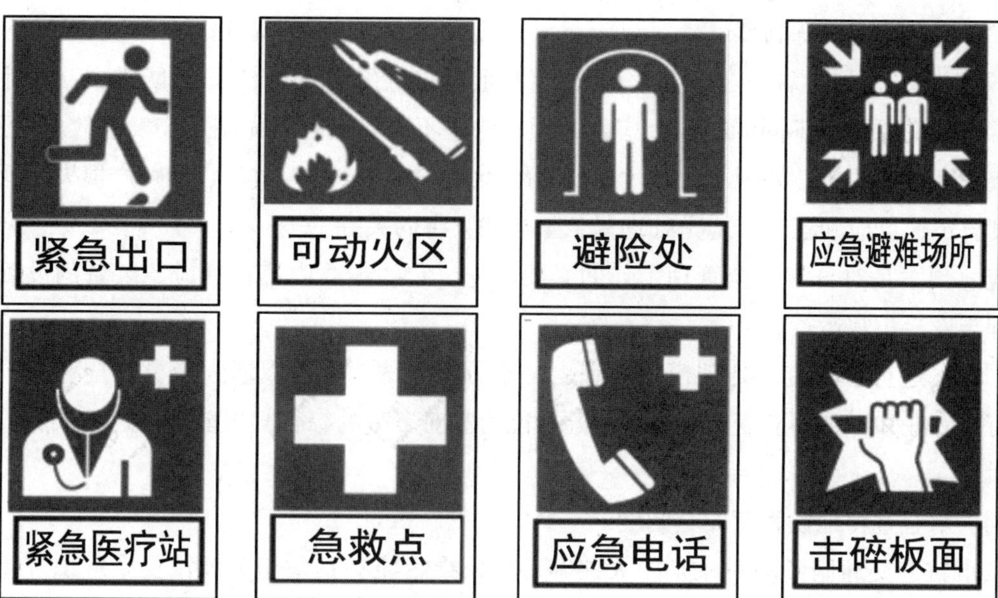

图 1–4　提示标志

二、城市轨道交通运营安全管理的研究内容

截止到 2019 年年底，我国有 40 个城市开通轨道交通并投入运营，运营里程达 6 736.2 公里，运营车站 3 982 座，每天迎来 7 000 多万人次的客流。但是，由于我国城市轨道交通发展历史比较短，运营管理安全的经验不足，人员安全意识、设备技术和整体安全环境相对落后，导致了一些薄弱环节和安全隐患存在，最终成为事故的诱因，造成人员伤亡和经济损失的事故发生。在城市轨道交通安全事故中，发生在运营阶段的安全事故约占 60% 以上。下面我们简要介绍城市轨道交通运营安全管理的主要内容。

1. 安全管理制度方面

城市轨道交通运营安全管理是运营企业的核心任务，规范完备的安全管理制度是实现地铁运营安全的基础。

（1）安全管理责任机构

地铁运营企业应当成立法定代表人牵头的安全生产委员会，设立专门的安全管理机构，明确安全管理组织和各级管理职责，确立安全管理领导，设置足够的专职管理人员，实行分级管理、各负其责。

（2）设施设备日常维护管理制度

为了保证地铁正常运行，地铁运营企业应按照国家有关规范标准，及时对各类设施设备维护保养。例如，加强运行车辆维护保养，制定相应的维护检修制度和现场作业安全规程，加强线路、供电、通信、信号、机电、消防等各专业设备设施日常养护和维修。

（3）应急预案演练制度

事故和灾害是难以根本杜绝的，必须高度重视应急预案的制定。“预防为主”是地铁安全正常运营的原则。不同的事故，应急处理方法也不同。只有事先制定突发事故应急预案，增强突发性事件的应急处理能力，才能把事故和灾害所造成的人员伤亡和财产损失降低到最低程度。迅速反应和正确措施是处理紧急事故和灾害的关键。

应急预案是对日常安全管理工作的必要补充。它的主要内容包括应急装备的设置、事故处理与恢复正常运行。

同时，进行事故应急处理模拟演练也是十分必要的。它可以增强全员安全意识，逐步提高有关专业和工种的应变能力、协调配合能力和对事故的综合救援能力，达到锻炼员工队伍的目的。

（4）乘客宣传地铁教育安全制度

城市轨道交通服务的对象是广大乘客，如果乘客能够具备相关地铁安全常识、防范知识及自防自救能力，就会大大降低事故中人员的伤亡程度。

2. 人的方面

纵观国内外地铁灾害事故，98% 的事故是由人为因素引起的，因此人的方面就显得十分重要。总的来说，人的方面是指乘客要有较强的安全防范意识，地铁运营员工要有较高的职业道德和责任心，形成“人人想安全，人人会安全，人人善安全”的文化氛围，具体表现在对乘客的宣传教育和对地铁员工的定期培训上。

（1）对乘客的宣传教育

地铁企业应利用安全宣传月、119 消防日等活动，向乘客宣传乘坐地铁安全常识，利用广播播放安全逃生技能，从而提高乘客的安全防范意识和能力。

（2）对地铁员工定期培训

提高地铁员工安全意识和技能是抓好运营安全工作的基础。地铁企业应定期开展安全生产知识培训教育工作，组织各负责人和管理人员参加公司级、中心级、岗位级的安全教育，提高地铁员工的应变处理能力和安全文化素质。

3. 设备设施方面

地铁的安全运行离不开先进的设备。车辆因素、线路状况、信号标志等设备都与列车的安全运行有关。车辆所选用的阻燃材料是否合格，安全装置是否充足有效，车辆性能参数是否符合运行要求，车辆健康状况，都会直接影到地铁运行安全。

为避免发生事故，需要有安全可靠、功能互补的各类安全保障系统，主要包括：列车自动监控系统、环境与设备监控系统、电力监控系统、火灾自动报警系统、乘客信息系统、综合监控系统、城市轨道交通控制中心。

三、城市轨道交通运营安全管理的特点

城市轨道交通系统是典型的复杂开放系统，其运营安全具有以下特点：

1. 系统复杂程度高，运营安全技术要求高

城市轨道交通系统复杂性和集成度的提高，使系统出现问题的风险变高，因此对运营安全的技术和管理提出了更高要求。同时，现代城市轨道交通系统中运用了大量的新结构、新材料、新设备，在满足人们方便、舒适需求的同时，由于相关经验的缺乏和系统的某些缺陷，加大了运营安全的管理难度。

2. 系统关联性与依赖性强，运营安全支持要求高

城市轨道交通系统的正常运营依赖于外部系统提供各类保障，需要得到供电、供水、通信等多个系统的支持。城市轨道交通系统在运营中除了需要关注自身的状况，还需要关注相关支持系统的状况，做好安全备份、安全冗余的准备。

3. 系统界面复杂、耦合度高，运营安全协调难度大

城市轨道交通系统包含多个子系统，存在大量的子系统间的耦合界面以及与外部系统的接合界面。系统之间在时间和空间上的支持难度大，匹配标准高。因此，运营中各系统、各部门的协调程度，以及设备接口等界面的处理质量，直接决定了运营的效率和安全。

4. 外部环境复杂、不确定性强，运营安全风险程度高

城市轨道交通系统的服务对象是不特定公众，直接处于开放的环境中，周边治安、配套设施乃至自然灾害都会对系统的运行产生重大影响。

因此，只有了解了城市轨道交通运营安全管理的特点，才可以把风险降到最低，才可以有针对性地做好安全预防工作。

第二节　城市轨道交通运营安全的影响因素

近年来，随着各地城市轨道交通事业的发展，各类轨道交通安全事故和紧急事件也不断增加，轨道交通运营的安全问题受到社会高度重视和密切关注。因此，分析城市轨道交通运营事故的影响因素，研究预防事故相关对策以及突发事故救援措施，对于改善城市轨道交通运营安全的现状，预防事故和降低事故损失都具有十分重要的意义。

一、运营安全影响因素

影响城市轨道交通运营安全的主要因素有人员因素、设备因素、环境因素、管理因素四个方面。

1. 人员因素

据统计，一般性事故主要由乘客未遵守安全乘车规则造成，而险性事故大多由地铁工作人员职责疏忽引发。人员因素是发生地铁事故的主要原因之一。人员因素构成如图 1–5 所示。

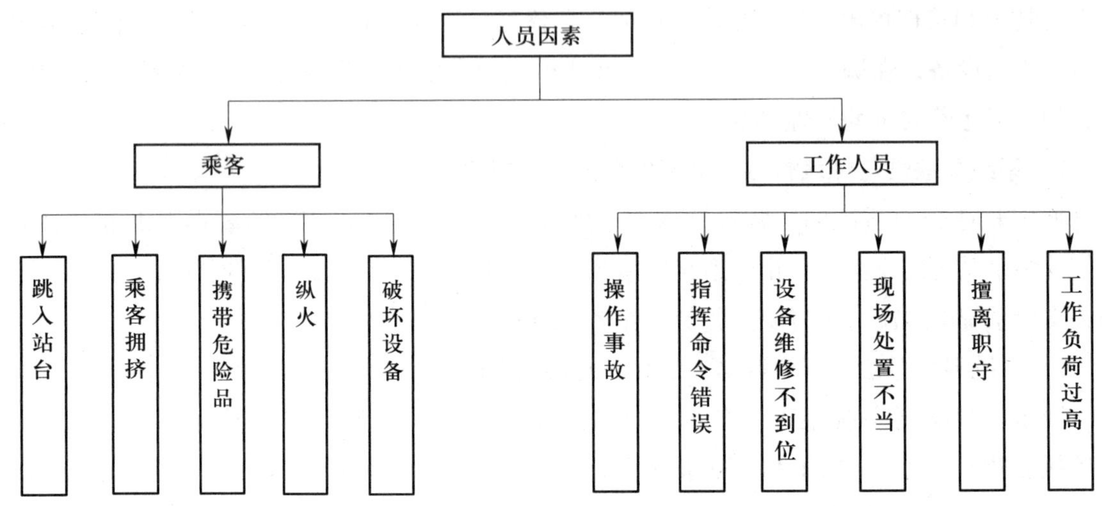

图 1–5 人员因素构成

工作人员造成运营事故风险可以分为生理因素风险、心理因素风险、技术因素风险三个方面。其中，生理因素主要包括身体存在缺陷、疲劳驾驶、酒后或带病上岗、工作负荷强度大、乘务员视觉功能障碍等风险。心理因素风险主要是指性格不符合工作岗位要求、安全观念和意识薄弱、安全管理松懈、责任心不强、心理素质不过硬、纪律性不强、注意力不集中等风险。技术因素主要是指专业知识不精、操作技能不熟练、规章制度掌握不够及执行不力、违规操作等风险。

在整个运营安全管理过程中，人员始终处于主导地位并起关键作用。人员自身的业务水平、心理素质和生理因素直接决定了对风险的管控能力和应急能力。

2. 设备因素

设备是影响城市轨道交通运营安全的另一重要因素。设备的质量和能否安全运转直接影响到城市轨道交通安全运营。城市轨道交通运营设备复杂而庞大，主要包括车辆设备、线路与轨道设备、供电设备、通信系统、信号系统、环控设备等。

（1）车辆设备

导致地铁车辆事故的主要后果是列车脱轨。除此之外，列车失控、列车相撞、车门失控、车辆老化、车钩不连挂、列车车厢内紧急安全装置不明显、列车材料选用不当等，也都可能造成人员伤亡和经济损失。

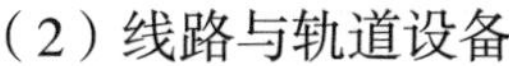

（2）线路与轨道设备

线路与轨道设备是保障城市轨道交通安全运营的基础系统之一，其主要由区间结构、轨道和车站构成。

线路与轨道设备常见故障有道岔中基本轨与尖轨密贴程度不够、夹板和辙叉破损、无缝线路胀轨跑道、扣件损伤变形、道床翻浆冒泥、轨枕弹性不足、钢轨接头轨塑性变形、轨缝不均匀、钢轨接头错牙等。

（3）供电设备

供电设备由变电所、配电室、牵引供电系统和地铁杂散电流构成。变电所和配电室引起的主要事故包括以下内容。

1）触电事故。触电事故包括装设地线不验电，在带电装置附近作业，工作人员擅自改变工作范围，线路检修时不装接地线，不穿戴个人防护装备等。

2）电气火灾。电气火灾包括电气短路，接头过热起火，绝缘材料起火，接触电阻过大起火，漏电引起火灾等。

（4）通信系统

通信系统是指挥列车运行、公务联络和传递各种信息的重要手段，是保证地铁列车安全、快速、高效运行必不可少的综合系统。在正常情况下，通信系统能为运营管理、指挥、监控等提供通信联络，为乘客提供高效优质的服务。发生紧急情况时，通信系统能够集中通信资源，保证足够的容量以满足应急处理、抢险救灾的特殊通信需求。

（5）信号系统

信号系统直接关系到城市轨道交通系统的运营安全、运营效率，以及服务质量。它能保证列车和乘客的安全，实现列车快速、高密度、有序地运行。信号系统是整个城市轨道交通运营的大脑，信号系统一旦出现故障，将会影响到整个线路的正常运行。例如，2003 年，上海地铁 2 号线中央控制室信号系统突然发生故障，导致全线停运 20 min。

（6）环控设备

地铁大多处在地下封闭的环境中，空间较为狭小，空气流通差。为了提供一个舒适的乘车和工作环境，就需要使用环控设备。在正常情况下，环控设备能排除余湿余热，满足车站各种设备和管理用房工艺和功能要求，提高所需的温度和湿度条件。在发生火灾、易燃气体泄漏、有毒气体泄漏等紧急情况下，能够迅速提供有效的排烟手段，向乘客输送必要的新风，引导乘客安全疏散。

3. 环境因素

影响城市轨道交通运营安全的环境因素包括外部环境和内部环境两部分。

（1）外部环境

外部环境包括自然环境和社会环境。

自然环境是指自然界提供的，人类一时难以改变的环境。自然环境对于城市轨道交通影响较大的是台风、雷电、水灾、地震等自然灾害。这些自然灾害一旦发生，对人身安全的影响不可估量，造成的经济损失也是巨大的。在各种自然灾害中，地震对地铁的影响极大，当地震带来轨道塌陷和线路断裂，都将影响地铁的运行。对于沿海城市采用高架敷设方式的轨道交通，要考虑到台风的破坏因素。

社会环境也影响着地铁的安全运营。社会环境包括经济、文化、政治、法律及社会风气等。地铁空间封闭、客流量大且疏散困难，一些恐怖组织为了制造社会恐慌，会以地铁为袭击目标，产生巨大的社会反响。

（2）内部环境

内部环境指内部工作人员的作业环境，包括企业文化、精神环境、工作岗位环境等。如果地铁企业拥有优秀的企业文化，让员工发自内心为地铁运营安全付出努力，运营安全就能够得到保证。如果员工懈怠，没有饱满的工作热情，必然会影响到运营安全。

4. 管理因素

保证地铁安全运营，管理因素也是必不可少的。全面的管理能够使整个系统健康、有序、持续得到发展。如果管理没有做好，容易出现系统不完善、安全职责界限不明、监督管理不到位、员工懒散、漏检漏修等，从而引发安全事故。管理因素是最容易调整和改善的因素，同时也是最有可控性的因素。

管理因素存在的风险有人员管理不到位、规章制度不健全、安全保障不足、规划决策不全面等。

知识窗

震惊中外的韩国大邱纵火案，造成了大量的人员伤亡。分析其原因，主要有人员因素和设备因素。据分析，大致存在三个方面的问题。

第一是设备方面的隐患，车站和车厢内安全装置不足。韩国的地铁车站内虽然安装了自动火灾报警设备、自动淋水灭火装置、除烟设备和紧急照明灯，但是这些

安全装置在对付严重火灾时能力明显不足。由于车厢上方是高压线，为了防止触电，车厢内均没有安装自动淋水灭火装置。

第二是法律不健全。韩国现行的《消防法》只注重固定的建筑和设备，而飞机、船舶、火车等移动的大众交通工具是个死角。据韩国媒体报道，大邱市地铁 1997 年开通时采用的防火安全标准，还是 20 世纪 70 年代的标准，已经不适合当前的情况。

第三是安全教育流于形式。韩国每年都进行民防训练，学习在紧急情况下人员逃生和保障安全的知识。韩国媒体和专家指出，这些民防训练大多流于形式，人们在慌乱时全然不知使用现有的灭火器材进行灭火。

除了上述原因外，韩国专家们还认为，地铁公司平时的麻痹大意、安全意识不强、安全保卫人员不足以及通信不完备等，也是造成此次地铁火灾大批人员伤亡的重要因素。

二、各因素间的相互影响

地铁事故的发生，基本上都不是因为单一因素造成的。以韩国大邱纵火案为例，除了人为因素引起的火灾外，还可以探究别的因素，如通风系统是否完善、火灾自动报警系统是否完善、火灾的应急救灾演练是否到位等。

1. 人—人

城市轨道交通运营是由多部门、多层次、多专业人员分工协作来实现的。同事之间、管理者与被管理者之间的合作、影响和制约，对于防范事故发生有着关键影响。人与人之间的配合，甚至可以组织或引导事故发展的方向。工作人员和乘客、社会人员的配合也是十分重要的。在紧急时刻，乘客能够配合工作人员的疏导、听从工作人员的指挥，将会大大降低事故危害。

2. 人—设备

在这两者关系中，人是操纵设备的主体，设备是人操纵的对象。人对设备的熟练程度以及工作态度将直接影响设备的正常运转。如今，设备可以监视人的行为，从而减少人为疏忽带来的损失。

3. 人—环境

人与环境也是相互影响和制约的。一方面，人生存、工作于环境之中，受到环境的影响和制约。例如，地铁列车司机由于长期处在黑暗和潮湿的工作环境中，导致视觉不太敏锐，容易引发列车不安全事故。另一方面，人也可以从环境中获取信息并改造环境。

4. 设备—环境

设备与环境也是相互作用的。在城市轨道交通系统中，随着设备使用时间的延长，设备运转的效率会不断降低。例如，电路的老化、轨道线路的破损等都会影响到地铁的运营安全。

5. 人—设备—环境

城市轨道交通系统作为一个复杂的整体，人、设备、环境是运营安全保障系统的基本要素，只有一两个要素良好，并不能保证系统的整体优化。例如，地铁公司有良好的设备和工作环境，但是缺乏有责任心、高技能的人才，也无法形成一个良好的系统。

三、管理影响因素

安全高效的运营服务是城市轨道交通生存发展的先决条件和根本要求，而安全高效的运营服务又离不开优秀的管理团队。

1. 城市轨道交通运营安全管理

城市轨道交通运营安全管理是指管理者利用安全科学原理、安全控制信息自动化等技术，对运营系统的人、财、物、信息等进行计划、组织、指挥、协调和控制，以达到减少或避免交通运营事故的目的。换言之，城市轨道交通运营安全管理是为了有效地减少运营事故及由运营事故所引起的人和物的损失而进行危险控制的一切活动。它包含以下几方面的含义：

（1）运营安全管理的目的是消灭和减少运营事故及损失。

（2）运营安全管理的主体是运营系统的各级管理人员。

（3）运营安全管理的对象是人、财、物、信息等。

（4）运营安全管理的方法是计划、组织、指挥、协调和控制。

（5）运营安全管理的本质是充分发挥人的积极性和创造性，调动一切积极因素，促使各种矛盾向有利于运营安全的方面转化。

2. 安全管理的重要性

安全管理对运营安全的重要性主要体现在以下三个方面：

（1）安全管理有助于提高运营系统内部人员、设备和环境的安全性。

（2）安全管理具有协调运营系统内的人、机、环境之间关系的功能。

（3）安全管理具有优化运营系统人、机、环境整体安全功能的能力。

第三节　城市轨道交通运营安全管理方法

安全管理是保障企业安全生产，保护员工在劳动过程中安全和健康的管理工作，也是保持企业稳定发展、促进生产经营、扭亏增盈的综合性管理工作。安全管理包括安全、计划、组织、制度、检查、教育、事故管理等一系列工作。在城市轨道交通运营中，常见的安全管理方法有安全管理计划方法、安全决策方法、安全管理组织方法等。

一、安全管理计划方法

1. 计划的含义

计划就是未来行动的方案，其特征为：必须与未来有关，必须依靠行动来实现，需要一定的执行者和监督者。

2. 安全管理计划的重要性

在城市轨道交通运营安全管理中，安全管理计划是对运营系统的人、财、物、信息等进行计划、组织、指挥、协调和控制，以达到减少或避免交通运营事故的目的。

3. 安全管理计划的作用

（1）安全决策目标实现的保证

安全管理计划将整个安全目标进行分解，计算并筹划人力、物力、财力，拟定实施步骤、方法以及相应的策略、政策等，使安全管理计划的执行者事先就知道安全工作未来的结果。

（2）安全工作的实施纲领

安全管理计划是安全工作中一切活动的实施纲领，通过计划，使安全管理活动按时间、有步骤地顺利进行。

（3）合理利用资源

安全管理计划工作能够通过统筹安排、经济核算，合理地利用企业人力、物力、财力，使安全管理活动取得最佳的效益。

4. 安全管理计划的内容

安全管理计划必须具备目标、措施、步骤三个要素。

（1）目标

在城市轨道交通企业中，制定行之有效的安全工作目标，能够有效引导员工的行动方向并激发员工的潜能。

（2）措施

有了行之有效的安全工作目标，还必须制定出完成计划所需要的措施。这些措施包括达到安全目标需要什么样的执行手段，采用什么样的工作方法，安排什么样的员工去执行，需要克服什么样的困难等。

（3）步骤

为实现安全工作目标，还需要制定切实可行的工作程序，可以按照时间节点制定具体的工作任务。

5. 安全管理计划的形式

安全管理计划的形式是多种多样的。按时间顺序，可划分为长期安全管理计划、中期安全管理计划和短期安全管理计划；按计划形式和调节控制程度，可划分为指令性计划和指导性计划；按计划层次，可划分为高层安全管理计划、中层安全管理计划和基层安全管理计划。

（1）指令性计划

指令性计划，也称为命令性计划，是指由上级计划单位按隶属关系下达，要求执行计划的单位和个人必须完成的计划，其特点如下：

1）强制性。指令性计划必须坚决执行，具有法律和行政的强制性。

2）权威性。以指令形式下达的计划，不得擅自更改，必须保证完成。

3）行政性。指令性计划主要通过行政办法下达实施。

4）间接市场性。指令性计划也要运用市场机制，但市场机制间接发生作用。

由此可见，指令性计划只能限于重要的领域和重要的任务，范围不能过宽，否则不利于调动基层单位的积极性。

（2）指导性计划

指导性计划是指由上级部门下达的只规定方向、要求或一定幅度的指标，下级部门有权根据实际情况适当变动的计划形式，其特点如下：

1）约束性。不强制执行，仅号召、引导和约束。

2）灵活性。指标是粗线性、弹性的。

3）间接调节性。通过经济、信息沟通调节执行。

6. 安全管理计划的编制原则

（1）科学性原则

计划必须符合企业的实际情况。

（2）群众性原则

集思广益提高计划的质量，增强普遍接受性。

（3）瞻前顾后原则

有远见，准确把握未来发展方向，参考历史资料，保证计划的连续性。

（4）统筹兼顾原则

考虑计划对象内部和外部的相互关系，把握一般与重点、简单再生产和扩大再生产、国家到地方再到个人的关系。

（5）积极可靠原则

能够做到的积极安排，努力争取。计划要落到实处，要有资源条件作为保证。

（6）留有余地原则

计划必须具有弹性和灵活的应变能力，以适应客观事物各种可能的变化。

7. 安全管理计划编制的程序

（1）调查研究

调查研究要做到情况熟悉，对计划对象的历史和现状做到调查严谨、数据完整、资料充分。

（2）安全预测

安全预测包括工艺安全状况预测、设备可靠性预测、隐患发展趋势预测、事故可能性预测等。

（3）拟定计划方案

在资料调查收集、安全状况预测的基础上，制定总体战略目标和阶段目标，列出相关指标、执行步骤、说明材料。

（4）选择安全计划方案

召集专家讨论，组织员工座谈，听取各方面意见。接着，修改补充计划草案，拟定修改稿，再次征集意见和收集建议。最后，比较各方案的合理性与效益性，从中选择满意的安全管理计划。

二、安全决策方法

1. 安全决策的含义

安全决策一般有两种含义。一种是名词，指做出的决定，即安全决策的结果；另一种是动词，指做安全决定和选择，是一种活动过程。科学安全决策指人们针对特定的安全问题，运用科学的理论和方法，拟定各种安全行动方案，并从中做出满意的选择，以较好地达到安全目标的活动过程，通常包含以下六个方面。

（1）安全决策是一个过程。

（2）安全决策是为了达到一个既定的目标。

（3）安全决策要付诸实施。

（4）安全决策的核心是选优。

（5）安全决策要科学决策和民主决策。

（6）安全决策要考虑实施过程中的情况变化。

2. 安全决策的分类

安全决策按照安全决策问题的性质，可分为战略性安全决策和策略性安全决策；按安全决策问题是否重复出现，可分为程序化安全决策和非程序化安全决策；按安全决策要求获得答案数目的多少或相互关系，可分为静态安全决策、动态安全决策等。

（1）战略性安全决策和策略性安全决策

战略性安全决策是全局性决策。策略性安全决策是一般性安全决策，是解决局部或个别安全问题的策略。

（2）程序化安全决策和非程序化安全决策

程序化安全决策是对于重复出现问题制定的规范性安全决策或重复性安全决策。非程序化安全决策是对于新问题、偶发性问题深入研究制定的决策。

（3）静态安全决策和动态安全决策

静态安全决策也叫单项安全决策，是处理某点的状态或某时期的总结果，要求的行动方案只有一个。动态安全决策不是一个而是一串，彼此之间相互紧密联系，前一项的决策影响后一项的进行。

3. 安全决策的特点

（1）程序性

企业的安全决策不是简单的拍板，不是随意的决定。它要求在正确的安全理论指导下，按照一定的工作程序，选用科学的安全决策技术和方法来选择行动方案。

（2）创造性

安全决策是一种创造性的安全管理活动。安全决策总是针对需要解决的安全问题和需要完成的安全工作任务而做出抉择，它要求安全决策者根据新的具体情况做出带有创造性的正确抉择。随着安全科学技术的发展，安全决策的创造性越来越明显。安全决策的创造性要求安全管理者运用逻辑思维、形象思维、直觉思维等多种思维方法进行创造性劳动。

（3）抉择性

抉择性是指安全决策必须在多个方案中寻求能获得较大效益、可以取得令人满意的安全生产效果的行动方案，因此择优是安全决策的核心。

（4）指导性

在企业安全管理活动中，安全生产决策一经做出就必须付诸实施，对整个安全管理活动，对系统内部的每一个人都有约束作用，指导每一个人的安全行为和方向。

（5）风险性

安全决策是一种带有风险的安全管理活动。安全决策者对所做出的安全决策能否达到

预期安全目标，并没有百分之百的把握，要冒一定的风险。

4. 安全决策的地位和作用

（1）安全决策是安全管理工作的核心

在安全管理职能中，最重要的职能就是安全决策。安全决策的组织、领导、控制等职能没有一个能够离开总的安全决策目标。在一定意义上讲，安全管理的其他职能都围绕着总的安全决策目标而开展。因此，安全决策是安全管理工作的核心部分。

（2）安全决策决定着企业的安全发展方向、轨道以及效率

正确的安全决策能够指导企业沿着正确的方向、合理的线路前进。错误的安全决策会使企业正常发展受到影响，降低企业的发展速度，甚至可能使企业遭到毁灭性打击。

（3）安全决策是各级安全管理者的主要职责

在企业安全管理者的职责中，居首位的是安全决策。安全管理者不论职位高低，都是不同范围、不同层次的安全决策者，都在一定程度上参与安全决策或执行安全决策。

（4）安全决策贯穿了安全管理活动的全过程

企业安全管理过程是一个不断做出安全决策和实施安全决策的过程。安全管理的职能很多，但最基本的是计划、控制、组织、指挥和监督，而这些职能的执行和发挥都离不开安全决策。编制安全计划时，无论是确定发展速度，还是规定各类事故发生率，都需要做出周密的安全决策。可以说，安全决策贯穿于安全管理活动的始终。

5. 安全决策的步骤

（1）发现问题：确定安全决策的起点。

（2）确定目标：目标应符合单一性、标准明确、有主客观约束条件、分清主次等特点。

（3）编写方案：编写方案，明确实现目标的途径和方法。

（4）方案评估：从理论和可行性方面进行综合分析，对备选方案进行评比。

（5）方案选优：从众多方案中选取一个较优的方案。

三、安全管理组织方法

1. 组织的含义

组织通常是指具有明确目的，由管理组织成员执行，有相应控制规范体系的一个集合体。

2. 安全管理组织的构成和设计原则

（1）安全管理组织的构成

指挥系统：实行纵向领导，确保企业职业安全健康计划、目标得以有效实施，肩负安

全检查的职责。一般由经理委托负责人（副经理）担任。

检查系统：负责实施职业安全健康管理体系中检查与纠正措施环节中的各项任务，一般由分管副经理、安全技术科、保卫科、车站安全员、车站消防员、班组安全员、班组消防员等担任。

监督系统：负责安全管理的监督职责，由相关监督部门人员担任。

（2）安全管理组织的设计原则

统一指挥原则：做到目标一致，行动统一。

控制幅度原则：要有适当的管理宽度。

权责对等原则：明确职责范围和管理权限。

柔性经济原则：以较少投入取得最佳效果。

3. 安全管理组织的运行

安全管理组织的运行受安全规章制度和安全文化约束，主要依靠绩效考核和组织人事、运行规范、决策权分配来保障。

案例分析

京港地铁在运营安全管理方面有完备的管理体系，通过明确的安全政策，为建立和实施安全管理制度提供了方向，并通过运用有效的安全管理流程来管理20项安全任务。

公司安全管理体系包括七大要素：安全政策、安全管理组织、安全管理流程、安全责任声明/卡、安全任务/项目、风险管理、安全审核。安全政策中明确每一位员工均有责任在日常工作中保障乘客、公众、承包商和其他员工的安全。公司成立由运营管理委员会、治安保卫工作组、信息安全小组等组成的安全组织委员会，定期举行安全会议。为确保安全管理工作落到实处，按照“纵向到底、横向到边”的原则，公司与各部门、各部门与下属各组分别签订《安全生产与安全维稳工作责任书》，并按照“属地管理”原则落实区域安全责任。同时，京港地铁按照安全政策要求，划分安全区域，明确责任人员，由区域安全责任人负责某具体区域的安全监督，落实区域安全隐患整治工作。

【思考与练习】

1. 城市轨道交通运营安全管理的主要内容有哪些?

2. 城市轨道交通运营安全管理的特点有哪些?

3. 影响城市轨道交通运营安全的因素有哪些?

4. 在城市轨道交通运营安全中，常见的安全管理方法有哪些?

5. 假如你是一位地铁运营公司的安全管理人员，为了保证地铁安全运营，你应该采用哪种方法来有效管理地铁的运营安全呢?

第二章　城市轨道交通运营安全系统分析

学习目标

- 掌握安全系统分析概念。
- 了解运营安全系统分析方法。
- 掌握安全检查表的概念及使用方法。
- 掌握事故树分析概念及程序。

安全与危险是一个事物的两个方面，可以说世界上没有绝对安全的事物，只能说危险的大小不同罢了。城市轨道交通运营是否安全，需要通过分析进行评价与考核。

城市轨道交通运营安全系统是安全系统工程的重要组成部分，而安全系统工程是系统工程在安全领域中的具体运用。

第一节　城市轨道交通运营安全系统分析概述

一、运营安全系统分析的概念

运营安全系统分析在运营安全系统工程中占有十分重要的地位。运营安全系统分析是从事故的预防和预测角度出发，定性或定量分析运营事故发生原因、发生概率以及各种隐患表现，识别系统的安全性和危险性，找出引发事故的因素及组织方式，把握安全薄弱环节，寻求预防事故的最佳途径，为评价和管理提供依据。

1. 运营安全系统分析的内容

运营安全系统分析是从安全角度对系统中的危险因素进行分析，主要分析导致系统故障或事故的各种因素及其相互关系，包括：

（1）调查、分析直接或间接诱发事故或故障的可能因素。

（2）调查和分析可能的故障或事故的后果。

（3）调查和分析防止伤害和损害的安全防护措施。

2. 运营安全系统分析的目的

运营安全系统分析的最终目的是辨识危险源，在实际工作中可表现为：对系统中所有

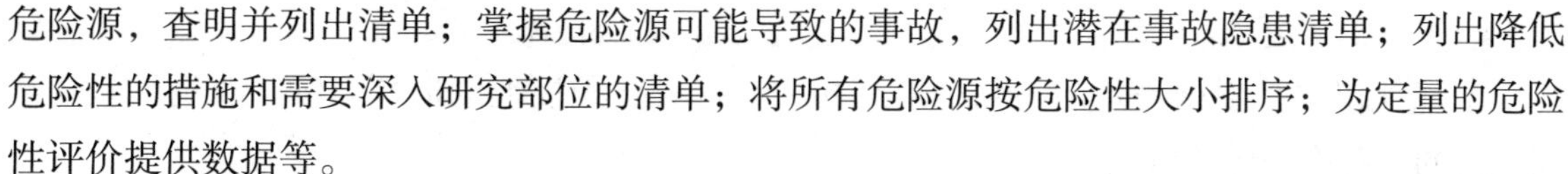

危险源，查明并列出清单；掌握危险源可能导致的事故，列出潜在事故隐患清单；列出降低危险性的措施和需要深入研究部位的清单；将所有危险源按危险性大小排序；为定量的危险性评价提供数据等。

二、运营安全系统分析方法

安全分析技术可以分为定性分析和定量分析两种类型。定性分析可以找出系统的危险性，估计出危险的程度。定量分析则可以计算出事故发生概率和损失率。常用的安全分析方法有以下七种。

1. 安全检查表法

安全检查表法依据相关的标准、规范，对工程、系统中已知的危险类别、设计缺陷以及与一般工艺设备、操作、管理有关的潜在危险性和有害性进行判别检查。它适用于工程、系统的各个阶段，是一种最基础、最简便、最常见的系统危险性评价方法。

2. 事故树分析法

事故树分析法起源于故障树分析法，是安全系统工程的重要分析方法之一。它从特定事故或故障（顶上事件）开始，层层分析事故发生原因，直到找出事故的基本成因，即故障树的底事件为止。这些底事件又称为基本事件，它们的数据是已知的或者已经有过统计或实验的结果。它能对各种系统的危险性进行辨识和评价，不仅能分析出事故的直接原因，还能深入地揭示事故的潜在原因。用它描述事故的因果关系直观明了、思路清晰、逻辑性强，既可定性分析，又可定量分析。

3. 事件树分析

事件树分析法是一种常用的归纳推理分析方法。它是一种按事故发展的时间顺序由初始事件开始推导可能的后果，从而进行危险源辨识的方法。这种方法将系统可能发生的某种事故与导致事故发生的各种原因之间的逻辑关系用一种称为事件树的树形图表示，通过对事件树的定性与定量分析，找出事故发生的主要原因，为确定安全对策提供可靠依据，以达到预测与预防事故发生的目的。

4. 排列图分析法

排列图又叫主次分析图，是全面质量管理常用的分析方法之一。排列图分析法将现场中作为问题的废品、缺陷、事故等进行分类，获取数据，根据废品数量和损失金额排列顺序，然后用柱形图表示其大小。因此，排列图分析法的核心目标是找到影响生产质量问题的主要因素。

5. 专家评议法

专家评议法是一种由专家根据事物的过去、现在及发展趋势，进行积极地创造性思维活动，进而对事物的未来进行分析、预测的一种方法。专家评议法有以下两种：

（1）专家评议法

专家评议法是根据一定的规则，组织相关专家进行积极地创造性思维，对具体问题共同探讨的一种专家评价方法。

（2）专家质疑法

专家质疑法需要召开两次会议，第一次会议是专家对具体的问题进行直接谈论，第二次会议则是专家对第一次会议提出的设想进行质疑。

6. 预先危险性分析法

预先危险性分析法也称初始危险分析，是安全评价的一种方法。它是在每项生产活动之前，特别是在设计的开始阶段，对系统存在的危险类别、出现条件、事故后果等进行概要分析，尽可能评价出潜在的危险性。

7. 危险性和可操作性研究

危险性和可操作性研究是一套以引导词为主体的危害分析方法，用来检查设计的安全以及危害的来源，进而识别和估计过程的危险以及操作性问题。虽然这些操作性问题可能没有什么危险性，但通过可操作性分析可以保证装置达到设计能力。

第二节　安全检查表

安全检查表法起源于20世纪20年代，是一种最常见的风险评价方法。该方法形式多样，可以对现有的设备、设施或系统等进行评价，并获得定性的评价结果。

一、安全检查表基础知识

1. 安全检查表的概念

系统地对一个生产系统或设备进行分析，从中找出各种不安全因素，确定检查项目，预先以表格的形式拟定好问题清单作为实施的蓝本，这样的表格就称为安全检查表。

2. 安全检查表的类型

由于安全检查的目的和对象不同，检查的着眼点也不相同，因而有不同类型的安全检查表。常用的安全检查表有以下几种。

（1）设计用安全检查表

设计用安全检查表是供设计人员遵循安全标准而编制的安全检查表。表中列有应该遵循的规程和标准。这样做既可以扩大设计者的知识面，又能使他们乐于采纳这些要求，避免与安全人员意见不同而发生争执。

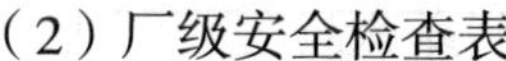

（2）厂级安全检查表

厂级安全检查表供全厂安全检查时使用，也可供安全技术、防火部门和上级有关部门进行日常巡查时使用，主要用于防止火灾、交通、人身伤亡等事故方面。

（3）车间安全检查表

车间安全检查表供车间进行定期安全检查或预防性检查时使用，主要用于防止人身、设备、机械加工等事故方面。

（4）工段及岗位安全检查表

工段及岗位安全检查表供工段及岗位进行自查、互查或安全教育使用，主要用于防止人员失误操作引起的事故方面。

（5）专业性安全检查表

专业性安全检查表由专业机构或职能部门编制使用，主要用于专业性的安全检查或特定设备的安全检查。

3. 安全检查表适用范围

安全检查表不仅可以用于系统安全设计的审查，也可以用于生产工艺过程中的危险因素辨识、评价和控制，以及用于行业标准化作业和安全教育等方面。

4. 安全检查表特点

安全检查表可全面查找危险和有害因素，体现了相关法规、标准的要求，应用灵活广泛，能弥补检查人员知识和经验的不足，其质量受制于编制者的知识水平及经验。

5. 安全检查表的优点

（1）简单明了，现场操作人员和管理人员都易于理解与使用。

（2）使用安全检查表能够大大地提高检查质量，避免检查时出现规定不明确、缺乏计划性和漏检等问题。

（3）安全检查表对于安全检查工作不仅可起到指导和备忘录的作用，而且会使安全检查工作更为系统、全面和准确。

（4）具有全面性、系统性、标准化、规范化的特点，是系统安全分析的基本方法。

（5）既可用于简单的快速分析，也可用于深层次的分析。

6. 安全检查表法的缺点

（1）只能作为定性评价，不能给出定量的评价结果。

（2）只能对已经存在的对象进行评价，如果要对处于设计阶段的对象进行评价，就必须找到相似或类似的对象。

7. 安全检查表的评价过程

安全检查表的基本评价过程如图 2–1 所示。

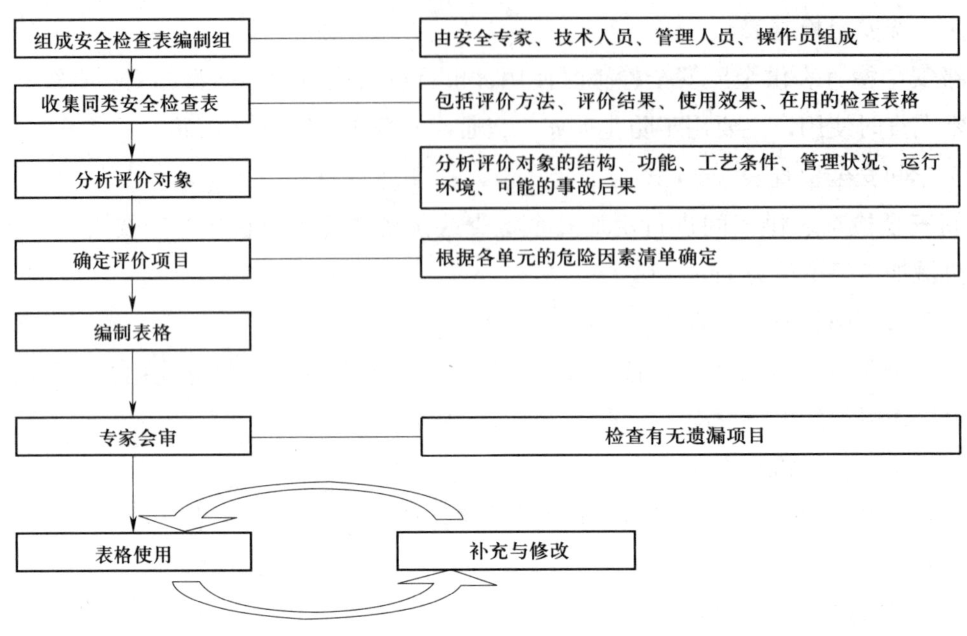

图 2–1　安全检查表的基本评价过程

二、编制安全检查表

1. 编制依据

首先，安全检查表在内容上和实施中要符合法律法规和相关标准规程的要求。其次，结合本单位具体情况，总结本单位生产操作的实践经验，系统分析本单位各种潜在的危险因素和外界环境条件，进而编制出安全检查表。

2. 编制步骤

（1）确定检查对象

检查的对象可大可小，可以是某个工序、某个工作地点、某台设备。

（2）找出危险点

找出危险点是编制安全检查表的关键。检查表的内容要针对危险因素提出，所以找出系统的危险点至关重要。

（3）编制成表

根据找出的危险点，对照有关制度、标准、安全要求等分类确定项目并写出其内容，按格式编制成表。

（4）检查应用

在现场检查时，要根据安全检查表内容，一个一个地核对，并做出相应回答。

（5）整改

如果在检查中发现现场的操作与要求不符，说明存在事故隐患，应该马上整改。

（6）反馈

在安全检查表的编制中，可能存在某些考虑不周的地方。如果在应用过程中发现问题，应马上汇报反馈，进行补充完善。

3. 编制注意事项

安全检查表编制注意事项包括：内容要具体，简明扼要；要突出重点；不同安全检查表不宜通用；各级安全检查项目应各有侧重；应由工程技术人员、安全管理人员和操作者等共同编制；需要在实践中不断修改、完善。

4. 使用注意事项

（1）应用安全检查表实施检查，应落实安全检查人员。厂级日常安全检查，可由安全技术部门现场人员和安全监督巡检人员会同有关部门联合进行。车间的安全检查，可由车间主任或指定车间安全员检查。岗位安全一般指定专人检查。检查完成后，应签字并提出处理意见备查。

（2）为保证检查有效实施，应将检查表列入相关安全检查管理制度，或制定安全检查表的实施办法。

（3）应用安全检查表检查，必须注意信息的反馈及整改。对查出的问题，凡是检查者当时能督促整改和解决的，应立即解决；当时不能整改和解决的，应进行反馈登记，由有关部门列入计划安排解决。

（4）应用安全检查表检查，必须按编制的内容检查，有问必答、有点必检，按规定的符号填写清楚，为系统分析及安全评价提供可靠准确的依据。

三、案例分析

某厂为做好汽车库防火，特制定安全检查表。

具体分析：汽车库防火的内容很多，因此安全检查的范围也很广。例如，车库里应设置灭火器，车库位置与明火火源的距离要求，车库照明电线的设置要求等。

1. 确定系统——手持灭火器安全检查表

当系统确定以后，就应针对所确定的系统，根据法规标准、经验教训、安全要求等找出系统的危险点。

2. 找出危险点

（1）数量不够。

（2）放置位置不当，不易被人看到。

（3）通往灭火器的通道不畅通。

（4）灭火器失效。

（5）灭火器选型不当。

（6）工作人员不熟悉灭火器的操作。

（7）禁止使用的灭火器类型未更换。

（8）未在规定的地点都配上灭火器。

（9）有可能冻结的灭火器未采取防冻措施。

（10）用过的或损坏的灭火器未更换。

（11）工作人员不知道自己工作区域内的灭火器位置。

（12）车库内无必备的灭火器。

3. 确定项目与内容并编制成表

手持式灭火器安全检查表见表 2–1。

表 2–1　手持式灭火器安全检查表

序号	检查项目	是打“√”，否打“×”	备注
1	手持灭火器的数量够吗？		
2	任何人都能迅速看到灭火器吗？		
3	通往灭火器的通道畅通无阻吗？		
4	每个灭火器都有有效的检查标志吗？		
5	灭火器对潜在的火灾适用吗？		
6	大家熟悉灭火器的操作吗？		
7	是否已更换禁用的灭火器？		
8	规定地点是否都配备了灭火器？		
9	可能冻结的灭火器是否已采取防冻措施？		
10	能保证用过或损坏的灭火器及时更换吗？		
11	每个人都知道自己工作区域内灭火器位置吗？		
12	汽车库内有必备的手持灭火器吗？		

第三节　事故树分析

事故树也称故障树，是一种描述事故因果关系的有向逻辑树，是安全系统工程中重要的分析方法之一。该方法既适用于定性分析，又能进行定量分析。事故树作为安全分析评价、事故预测的一种科学方法，已得到国内外的广泛采用。

一、定义

事故树从要分析的特定事故或故障（顶上事件）开始，层层分析其发生原因，直到找

出事故的基本原因（底事件）为止。

二、事故树分析步骤

1. 熟悉系统

要求了解系统情况，包括工作程序、重要参数、作业情况。围绕所分析的事件进行工艺、系统、相关数据等资料的收集，必要时画出工艺流程图和布置图。

2. 调查事故

要求在已往事故实例、有关事故统计基础上广泛调查，包括已发生的事故和未来可能发生的事故。

3. 确定顶上事件

选择顶上事件，一定要在详细了解系统运行情况、有关事故的发生情况、事故的严重程度和事故的发生概率的情况下进行，事先要仔细寻找造成事故的直接原因和间接原因。然后，根据事故的严重程度和发生概率确定要分析的顶上事件。

顶上事件可以是已经发生过的事故也可以是未发生的事故。

4. 确定控制目标

根据以往的事故记录和同类系统的事故资料进行统计分析，求出事故发生的概率（或频率），然后根据这一事故的严重程度，确定要控制的事故发生概率的目标值。

5. 调查分析原因

顶上事件确定之后，为了编制好事故树，必须将造成顶上事件的所有直接原因事件尽可能找出来。

6. 绘制事故树

在找出造成顶上事件的各种原因之后，就可以从顶上事件起进行演绎分析，一级一级地找出所有直接原因事件，直到所要分析的深度。再用相应的事件符号和逻辑门把它们连接起来，这样就构成一个事故树。

7. 定性分析

根据事故树结构进行化简，确定各基本事件的结构重要度排序。

8. 计算发生概率

首先根据调查的情况和资料，确定所有原因事件的发生概率并标在事故树上。然后根据这些基本数据，求出顶上事件发生概率。

9. 进行比较

要根据可维修系统和不可维修系统分别考虑。对可维修系统，把求出的概率与通过统计分析得出的概率进行比较。如果二者不符，则必须重新研究，分析原因事件是否齐全，事故树逻辑关系是否清楚，基本原因事件的数值是否设定得过高或过低等。对不可维修系统，求出顶上事件发生概率即可。

10. 定量分析

定量分析包括以下三个方面的内容：

（1）当事故发生概率超过预定的目标值时，要研究降低事故发生概率的所有可能途径，并从中选出最佳方案。

（2）找出根除事故的可能性，从中选出最佳方案。

（3）求各基本原因事件的临界重要度系数，从而对需要治理的原因事件按临界重要度系数大小进行排队，或编制安全检查表，以加强人为控制。

事故树分析方法在具体应用时，可以根据分析的目的、投入的多少、分析能力的高低以及基础数据的掌握程度等，可进行到不同步骤。如果事故树规模很大，也可以借助电子计算机进行分析。

【思考与练习】

1. 简述运营安全系统分析内容。
2. 简述运营安全系统分析方法。
3. 简述安全检查表的编制依据和编制步骤。
4. 事故树分析符号有哪些？对应的意义是什么？
5. 某地铁客运站为做好站台层防火措施，需要制定安全检查表。请你以该站安全员的角度，制定一份安全检查表。

第三章　城市轨道交通行车安全管理

学习目标

- ◆ 掌握行车组织基本原则。
- ◆ 熟知行车作业基本安全要求。
- ◆ 熟知列车运行安全基本要求。
- ◆ 能够进行列车接发车作业危险源分析。
- ◆ 能够进行行车事故案例分析。

行车工作包括列车的行车组织工作和列车运行工作，是城市轨道交通运营系统的核心工作，也是轨道交通运输中最容易发生安全生产事故的环节。抓好了行车作业安全，就能在很大程度上保障城市轨道交通运营生产的安全。

第一节　行车组织安全

行车工作必须坚持“高度集中、统一指挥、逐级负责”的原则。行车组织安全包括行车组织原则、指挥构架、各指挥层级职责、信号设备操作及行车闭塞法等，是其他行车安全内容的基础。

一、行车安全概述

轨道交通运行要避免各种不利因素对行车工作的影响，如人的因素、设备因素、环境因素等。

1. 行车安全的概念

行车工作是城市轨道交通运营的主要工作，大部分不安全现象都出现在行车工作中。从某种程度上说，保证行车工作安全也就保证了城市轨道交通运营安全。

行车安全一般是指列车在运送乘客的过程中，对行车人员、行车设备以及乘客产生作用和影响的安全。行车安全工作包括行车调度安全、列车驾驶安全、车站作业安全、接发列车作业安全、调车作业安全等。

2. 行车安全的意义

行车安全不仅是运营生产的基本要求，也是衡量城市轨道交通管理水平的重要指标之一。由于行车安全涉及生命财产的安危，涉及社会稳定和企业形象，因此，行车安全是城市轨道交通运营安全的重中之重。

二、行车组织基本原则

1. 指挥列车在正线运行的命令只能由行车调度（以下简称行调）发布，列车司机必须严格遵照运营时刻表规定的时刻及信号行车，并服从行调指挥。

2. 行车时间以北京时间为准，从零时起计算，实行 24 小时制。行车日期以零时为界，零时以前办妥的行车手续，零时以后仍视为有效。

3. 正线、辅助线归行调管理，车辆段线路归车辆段调度（简称段调）管理，停车场线路由停车场调度管理。

4. CTC(连续式列车控制）级别下司机可以采用 AM–CTC，SM–CTC 驾驶模式驾驶列车。CTC 模式下，ATS（自动列车监控系统）具备时刻表功能时，计划内的列车到达转换轨时自动接收行车信息。非 CTC 模式下，在正线运行时的车次号需行调人工输入服务号和目的地号。

5. 空客车、工程车、救援车、调试车出入车辆段或停车场均按列车办理。

6. CTC 正常情况下，正线司机凭车载信号显示或行调命令行车，根据列车推荐速度严格控制进出站、过岔、线路限制等特殊运行速度，按运营时刻表和 DTI（发车计时器）显示掌握运行及停站时间。

7. 在 ITC 点式列车控制模式下，正线司机凭车载及地面信号，或根据行调命令行车。司机应根据列车推荐速度严格控制进出站、过岔、线路限制等运行速度。在联锁模式下，正线司机凭地面信号或行调命令行车，司机应严格掌握进出站、过岔、线路限制等运行速度。

8. 在运行中，司机应在前端驾驶，如推进运行，应有引导员在前端驾驶室引导并监控列车运行。

9. 有线调度设备、无线通信设备用于行车工作联系，须使用标准用语。数字标准发音见表 3–1。

表 3–1　数字标准发音

1	2	3	4	5	6	7	8	9	0
yao	liang	san	si	wu	liu	guai	ba	jiu	dong
幺	两	三	四	五	六	拐	八	九	洞

10. 比照运营时刻表，单程每列晚点 2 min 以下为正点，2 min 及以上为晚点。排队晚点时，按统计要求进行统计。行调应根据列车晚点情况及时采取措施，调整列车运行。

11. 车辆段救援机车及各类抢修车辆应处于整备待发状态，工具备品应保持齐全整洁，作用良好。

三、行车组织指挥

1. 运营指挥层次

运营指挥层次见图 3–1。

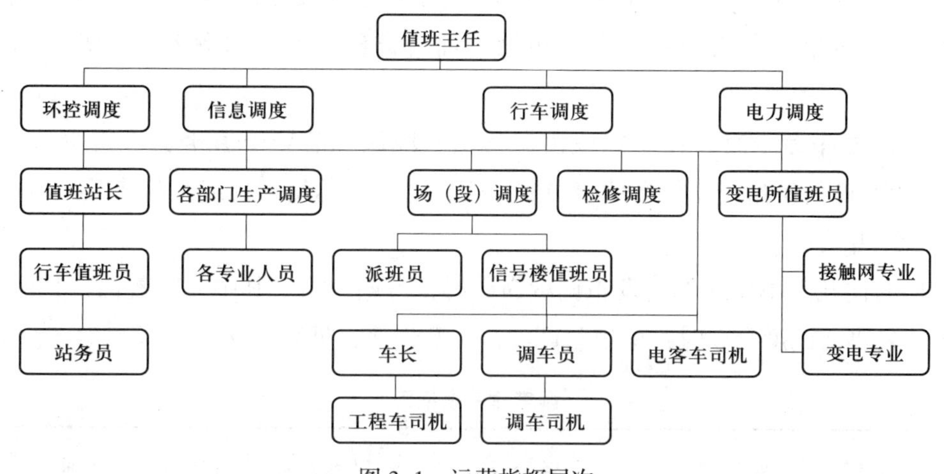

图 3–1　运营指挥层次

2. 运营指挥机构

运营指挥分为一级、二级两个指挥层级，二级服从一级指挥。

（1）一级指挥为行调、电力调度（简称电调）、环控调度（简称环调）和信息调度。

（2）二级指挥为车站值班站长、段调、停车场调度（简称场调）、检修调度（简称检调）和各部门生产调度。

（3）各级指挥要根据各自职责任务独立开展工作，并服从值班主任总体协调和指挥。

3. 运营控制中心（OCC）

（1）OCC 是地铁日常运营、设备维护、行车组织的指挥中心。

（2）OCC 是地铁运营信息收发中心。

（3）OCC 代表运营分公司总经理指挥运营工作，应急情况下代表分公司与外界协调联络地铁运营支援工作。

（4）OCC 各调度员由值班主任协调统一指挥。在处理突发事件或事故时，各调度员有责任向值班主任提供本岗位的协助处理方案，并及时报告相关信息。

（5）行车工作由行调统一指挥。

（6）供电设备运作由电调统一指挥。

（7）环控和防灾报警设备由环调统一指挥。

（8）非车辆专业设备的抢修组织由信息调度员统一指挥。

4. 行车指挥原则

（1）行车有关人员必须服从行调指挥，执行行调命令。行调应严格按运营时刻表指挥行车。

（2）指挥列车运行的命令和口头指示只能由行调发布。车辆段内不影响正线运行及接发列车的命令由段调发布。发布命令前应详细了解现场情况，听取有关人员意见。

（3）行调发布命令时，在车辆段由派班员、段调（信号楼值班员）负责传达，正线（辅助线）由车站值班站长（行车值班员）负责传达，传达给司机或其他有关人员的书面命令须加盖行车专用章。

（4）同时向几个单位或部门发布调度命令时，行调应指定其中一人复诵，其他人核对，确保无误。发书面调度命令时，应填写调度命令登记簿，见表3–2。

表3–2　　调度命令登记簿

日期	命令号码	发令时间	命令内容	拟写人	审核人	批准人	备注

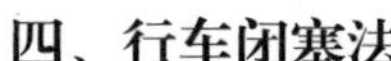

四、行车闭塞法

通过相邻车站、闭塞分区的设备或人为控制，以保证在一个区间或闭塞分区内同一时间只有一列车占用，使列车与列车之间保持一定距离的技术方法称为行车闭塞法。基本闭塞方式有以下三种。

1. 移动闭塞

移动闭塞是随着列车的移动而自动调整列车运行安全追踪间隔距离的闭塞方式。

2. 固定闭塞

固定闭塞是当无线通信移动闭塞功能不能使用时的代用闭塞法，又分为有列车超速防护的固定闭塞和不具备列车超速防护的固定闭塞。

3. 电话闭塞法

电话闭塞法是人工办理闭塞的一种方法，是车站之间以电话记录号作为确认区间空闲的凭证，以路票（见图 3–2）作为列车占用区间的凭证，以值班站长（或指定胜任人员）的发车手信号作为发车凭证的一种行车方法。

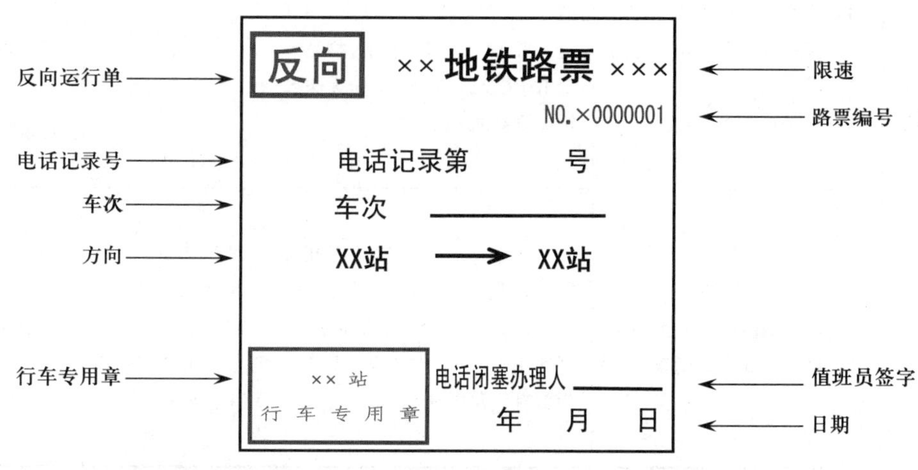

图 3–2　路票

行车闭塞方式的比较见表 3–3。

表 3–3　　行车闭塞方式的比较

闭塞方式	闭塞区间	功能	行车凭证	驾驶模式
移动闭塞	没有固定的闭塞区间，列车运行闭塞区间的终端（移动授权）由前一列车在线路上的运行位置、运行状态等因素确定	由 OCC 负责监控列车的安全间隔和运行，列车加速、减速、停车和开门等由车载信号系统自动控制或由司机参照车载信号系统人工控制	列车凭车载信号的目标距离和推荐速度显示运行	可采用 ATO（自动驾驶模式）或 ATPM（ATP 监督下的人工驾驶模式）模式驾驶

续表

闭塞方式		闭塞区间	功能	行车凭证	驾驶模式
固定闭塞	具有列车超速防护的固定闭塞	相同运行方向两架相邻信号机间的区域，一个闭塞区间只允许一列车占用	行调和车站负责监控列车的安全间隔和运行，列车加速、减速、停车等由系统自动完成或司机参照系统人工控制。信号系统提供推荐速度和列车超速防护功能及防红灯冒进功能	列车凭车载信号和地面信号显示行车，如遇车载信号与地面信号显示不符，司机需停车后报行调，凭行调命令行车	正常情况采用iATPM（点式ATP监督下的人工驾驶模式）模式驾驶
	不具备列车超速防护的固定闭塞	相同运行方向两架相邻出站信号机间的区域。一个闭塞区间只允许一列车占用	信号系统只提供联锁基本功能，不提供列车车载防护功能，行调和车站负责监控列车的安全间隔和运行，列车加速、减速、停车和开门等均完全由司机人工控制，系统无法给出信息供司机参考	按规定限速凭地面信号显示运行	驾驶模式转换至NRM（非限制人工驾驶模式）
电话闭塞		相同运行方向两架相邻出站信号机间的区域。一个闭塞区间只允许一列车占用	行车值班员人工确认区间空闲，利用行车电话以发出电话记录号码方式办理闭塞。列车完全由人工控制，无任何信息供司机参考	列车占用闭塞区间的行车凭证为路票，司机拿到路票后凭发车手信号动车	NRM驾驶

五、信号设备操作

地铁信号系统一般包括列车自动防护子系统、正线计算机联锁子系统、自动运行子系统、列车自动监控子系统。各子系统之间相互渗透，实现地面控制与中央控制相结合，构成一个以安全设备为基础，集行车指挥、运行调整以及列车驾驶自动化等功能为一体的地铁信号系统。

1. 中央ATS（自动列车监控系统）工作站操作规定

（1）中央ATS工作站操作人员必须经过培训，考试合格方可上岗操作。

（2）设备正常时，行调在人机界面上进行监控。若有需要时，行调可授权联锁站控制，

或由联锁站执行紧急本地控制。

（3）中央设备故障或 ATS 不能自动排列进路时，行调可进行人工操作。

2. ATS/LCW（本地控制工作站）集成工作站操作规定

（1）ATS/LCW 集成工作站的操作人员必须经过培训，考试合格方可上岗操作。

（2）在正常情况下，ATS/LCW 集成工作站应使用 ATS。当 ATS 设备故障时，经行调授权后可转换使用 LCW。

（3）ATS/LCW 集成工作站操作员在操作或监控设备时，严禁进行与行车无关的操作。操作人员离开时，应将工作站退回到登录状态。

（4）操作 ATS/LCW 集成工作站过程中，操作员如发现进路要素显示不正确，须立即停止该项操作并报告行调。车站应转换为 LCW 界面进行操作，如仍不能正常操作，按 ATS/LCW 集成工作站设备故障处理。

（5）设备管理人员或维修人员需操作 ATS/LCW 集成工作站时，应报告行车值班员，征得行调同意，取得控制授权后以相应身份登录系统进行操作。

第二节　接发车作业安全

信号系统正常时，列车运行由信号系统自动控制，不需要车站接发列车，只需由车站值班员、站台人员完成站台安全监控和乘客乘降的服务工作。只有遇到特殊情况时，需要车站接发列车。

一、接发列车作业安全基本知识

车站在办理接发列车作业时，列车车次、列车运行方向以及运行指挥，都是接发列车安全的重要条件。

1. 列车车次与行车安全

接发列车作业中，列车车次的误听、误传、误抄、误填，往往是造成行车事故的直接原因。办理接发列车时，列车车次必须传准听清，复诵无误，防止误听误传；抄写或填记行车记录簿、命令及行车凭证时，要认真核对，防止误抄误填；车次不清楚时，必须立即询问，严禁臆测行车。

2. 列车运行方向与行车安全

列车运行方向是保证接发列车及行车安全的重要条件之一。在办理列车闭塞等作业事项时，应冠以邻站方向或线路名称，以防列车开错方向。

实践指南

如图 3–3 所示，列车由甲站向乙站方向发车，存在几个运行方向。分小组讨论在发车作业过程中应当注意的安全事项。

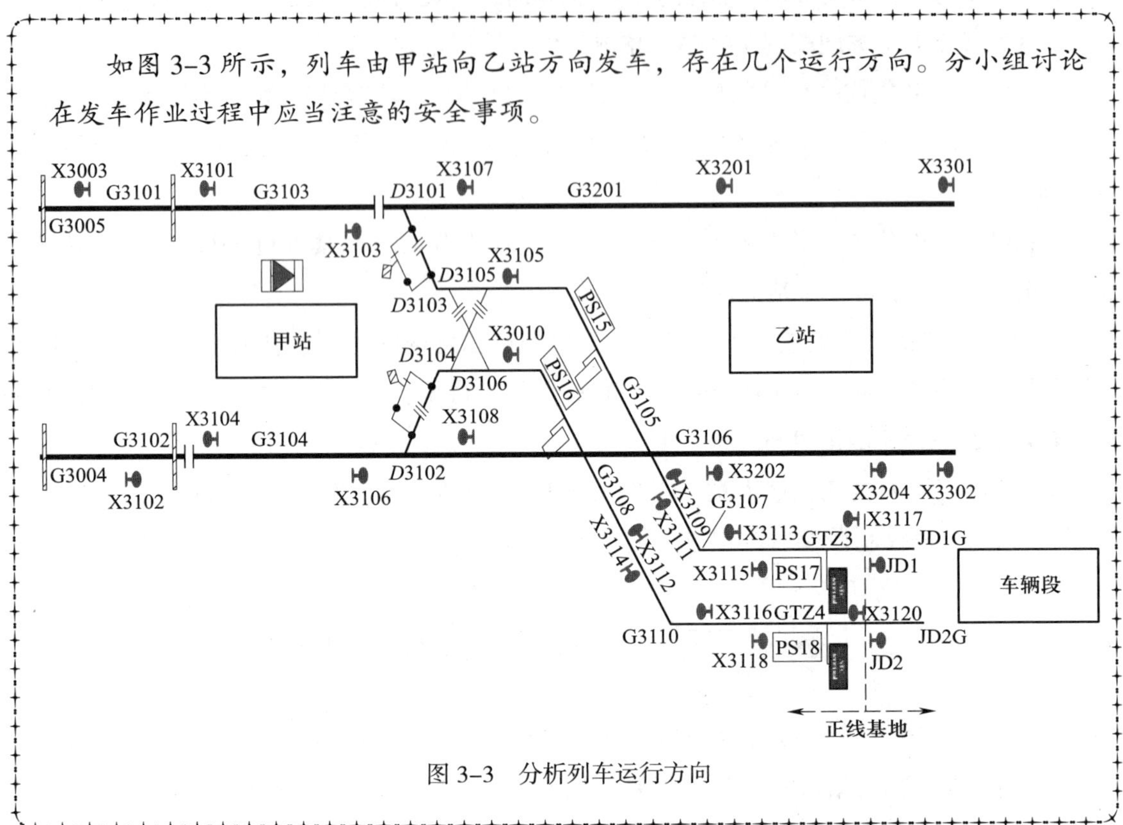

图 3–3　分析列车运行方向

3. 列车运行指挥与行车安全

行车工作必须坚持“高度集中、统一指挥、逐级负责”的原则。为安全顺利地组织列车运行，列车运行的指挥工作必须做到正确指挥和服从指挥。日常行车作业中，行调错发、漏发调度命令，盲目指挥列车运行，车站值班员错发、漏发接发列车命令，盲目指挥及错误操作控制台等，往往都是造成列车事故的重要因素。

因此，在指挥列车运行工作时，行调在发布命令之前，应详细了解现场情况，并听取有关人员的意见，以便正确下达调度命令和口头指示。车站值班员在指挥及办理接发列车作业时，须认真遵守有关要求，严格执行接发列车作业规定，正确下达接发列车的有关命令，确保列车运行安全。

二、接发列车作业惯性事故

车站在办理接车、发车和列车通过作业程序中发生的行车事故称为接发列车事故。经常发生的接发列车事故称为接发列车惯性事故。常见的接发列车惯性事故见表 3–4。

表 3–4　　常见的接发列车惯性事故

事故种类	主要原因
向占用区间发出列车	当班人员离岗、打盹或做与接发列车作业无关的事情
向占用线路接入列车	办理闭塞时，没有确认区间处于空闲状态
未准备好进路接发列车	不按规定检查、确认接发列车进路
未办或错办闭塞发出列车	不认真核对行车凭证
列车冒进信号机或越过警冲标	错排或未及时开放信号
错误办理行车凭证发车或耽误列车	取消、变更接发列车进路联系不彻底

三、接发列车作业安全要求

1. 办理闭塞的安全要求

办理列车闭塞是接发列车作业的首要环节，是列车取得区间占用权的重要环节，也是较容易发生列车事故的关键环节。

（1）闭塞区间的状态确认

办理闭塞前，必须确认闭塞区间空闲。车站值班员在办理闭塞时，为防止向占用区间发出列车，在确认区间空闲时必须做好以下工作：

1）检查确认前一列车是否完整到达。

2）通过闭塞设备确认区间空闲。

3）检查确认区间是否有列车占用。

4）检查确认区间是否封锁。

5）检查确认区间是否遗留车辆。

6）检查确认有关记录情况。

7）检查确认其他占用区间情况。

（2）闭塞车次的确认

办理闭塞时，车次必须准确清晰。

（3）闭塞用语的使用

办理闭塞及承认闭塞时，必须完整执行行车标准用语，不能简化回答或不复诵。

2. 准备进路作业的安全要求

准备进路泛指将列车经由车站所运行的线路安全开通。准备进路是接发列车工作中一项极为重要的作业环节。

（1）确认接车线路空闲

车站在准备列车的接车进路或通过进路时，首先必须确认接车（通过）线路空闲，以防止线路上存有机车、车辆及其他危及列车运行安全的障碍物。

车站值班员和现场作业人员必须对接车（通过）线路是否空闲进行检查和确认。

轨道电路及控制台上设有股道占用标识的，应通过控制台对股道是否被占用进行确认。

（2）确认接发列车进路正确无误

接发列车进路的正确与否，直接关系列车运行安全。因此，在接发列车作业中，列车进路的确认极为重要。联锁设备正常时，车站可通过信号设备显示来确认接发列车进路。当联锁设备停用时，对列车进路的现场检查须更严谨，对进路上的道岔逐个确认，确认道岔位置正确并按要求加锁后，方可报告接发列车进路准备妥当。

（3）确认影响进路的其他作业

确认影响进路的其他作业已经停止。

3. 办理及交付行车凭证的安全要求

行车凭证是列车占用区间的依据，包括信号机显示、路票、调度命令等。

（1）防误操作信号设备

信号是指示列车运行的命令。信号正常时，信号机上显示的准许列车运行的各种信号均为列车行车凭证。信号的开放和关闭至关重要。因此，车站值班员在操作信号时，必须全神贯注，精力集中，遵章守纪，严格执行“眼看、手指、口呼”的操作制度，确保信号指示准确无误。

（2）防误填写行车凭证

使用路票、调度命令等书面凭证办理行车时，对其使用日期、区间、车次、地点、电话记录号码或调度命令号码等应特别注意。书面凭证填写后，必须逐字逐项复诵。经确认无误后，方可交付使用。

4. 接送列车及指示发车作业的安全要求

（1）确认列车整列到达。

（2）严密监视列车运行安全。当客车进站时，站台岗人员应于靠近紧急停车按钮附近立岗，防止乘客在关门时冲上车被夹伤。同时，维护站台秩序，监督司机按规范动作关门。发车时，站台岗人员（或司机）若发现站台或屏蔽门异常，应立即用对讲机通知司机（或站台岗）人员并及时处理。

（3）确认列车满足发车条件后，方可指示发车。车站接发列车作业应按规定程序办理，并使用规定用语。

第三节 列车运行作业安全

列车运行安全是行车工作的重要环节。确保列车运行安全，既需要规范的作业准则，又需要列车驾驶人员严格执行相关准则。

一、列车驾驶人员（司机）的作业准则

1. 列车运行安全

（1）司机在取得驾驶证并经相关部门鉴定合格后，方准独立驾驶列车。学习司机必须在司机的监督下才能操作列车。

（2）严格遵守各种规章制度，按照要求操作设备，正确执行各项作业程序，确保列车运行安全。

（3）严格按运营时刻表动车，动车前必须确认行车凭证和动车“五要素”。接班前严禁饮酒，严禁服用影响精神状态的药物并充分休息。工作中精力集中，保持不间断瞭望，严禁在列车运行中做与工作无关的事。

（4）操作列车保护装置前，必须确认符合安全条件，并取得行调的授权。

（5）接收行调命令或行车指示时，司机必须认真逐句复诵命令内容，同时记录在司机手账上，并做好交接。对调度命令不清楚时严禁动车。

（6）当班时私人通信工具必须关机，在其他行车通信工具无法联系时，司机可以打开私人通信工具联系。

2. 折返作业安全（列车自动折返模式除外）

（1）严格遵守交接制度，坚持“有车必有人”。

（2）关门前必须确认行车凭证及动车“五要素”。

（3）换端操纵必须确认后端已关钥匙后方可激活本端。

（4）动车前确认所有人员均在安全区域内。

3. 站台作业安全准则

（1）开关屏蔽门、车门时，必须严格执行“一确认、二呼唤、跨半步、再开门”的作业程序。

1）“一确认”，确认对标准确。

2）“二呼唤”，呼唤开关哪一侧车门、屏蔽门。

3）“跨半步”，指一只脚站在列车上，另一只脚站在站台上。

4）“再开门”，确认无误，呼唤正确，司机站稳后，再进行开关门作业。

（2）列车在站台停稳后，应先确认列车停在规定的范围内。

（3）开屏蔽门、车门时，应注意列车与站台间的空隙，避免乘客摔伤，并观察乘客上下车情况。

（4）关门时根据 DTI 显示及运营时刻表规定的时间关屏蔽门、车门。当屏蔽门、车门关闭后，确认无夹人夹物后进入司机室，凭车载信号或地面信号显示发车。

4. 人身安全准则

（1）升弓前，必须确认所有人员均在安全区域。

（2）车辆段作业时，严禁飞乘飞降。

（3）在正线或出入车辆段线，禁止未经行调同意擅自进入线路。

（4）进出司机室，要注意站台与司机室侧门之间的间隙，谨防摔伤。

（5）进出辅助线线路时，司机必须报告行调，得到行调同意后，穿好荧光服才能进出辅助线线路。

（6）列车在隧道内出现故障需要清客时，司机必须做好防溜措施，打开逃生门，等待车站人员到来后，才能往隧道疏散乘客。

（7）在场（段）内，列车从有地沟的股道出库前，必须确认地沟无人后方可动车。

二、列车驾驶安全的基本规定

1. 列车司机必须严格按照安全制度、行车规则执行列车驾驶并做到：

（1）严格遵守各种规章制度，正确执行各种作业程序，确保列车运行安全。

（2）严格按照运营时刻表及信号显示，行车工作时严守岗位，不得擅自离岗。

（3）严格遵守动车前确认进路、信号、道岔、车门及制动。

2. 列车司机必须掌握列车的基本构造，具有一般的故障处理能力，熟悉城市轨道交通基本设施情况。

3. 列车司机必须掌握相关业务知识，并具有一定的应变能力。

4. 列车司机上岗值乘的必要条件。

（1）司机必须经过考试合格，并取得列车驾驶证后方准独立驾驶列车。

（2）离开驾驶岗位 3 个月以上，如需再驾驶列车必须进行再培训，并且考核合格。

（3）列车司机的纪律性、身体状况、心理状况须经由相关部门鉴定通过。

三、列车运行中的操作安全

1. 司机在场（段）内与派班员办理列车出乘手续，并按规定于列车出库前 30 min 进行整备作业。

2. 列车出场（段）时，司机凭地面信号显示，采用 RM 模式驾驶，运行至转换轨一度停车，与行调联系后转换驾驶模式，凭车载信号或地面信号进入正线。

3. 非CBTC（基于通信的列车控制）模式下，列车一般配备两名司机，一名负责驾驶和操作列车相关设备，另一名负责操作屏蔽门的开关，协助司机瞭望进路，监督列车司机按规定速度运行。

4. 列车入场（段）时，司机在终点站广播通知乘客全部下车后关好车门，运行至XR/XC信号机外方一度停车，与场（段）值班员联系后转换驾驶模式以RM模式运行，凭地面信号显示进入车辆段。

5. 列车在车站停稳后，司机打开司机室门，观察乘客上下车情况，根据DTI显示及运营时刻表规定的时间关车门。当车门关闭后，确认无夹人夹物后，进入司机室凭车载信号或地面信号显示发车。

6. 列车进站停车，当未到停车标停车时，司机确认运行前方无异常后，迅速自行动车对位。

7. 列车停车位置越出站台一个车门以下时，司机后退对位停车，广播安抚乘客，报行调；列车在站台内停车位置越出站台一个车门及以上时，报告行调，按行调的指示执行。如列车本站不开门继续运行到前方站时，行调应通知本站及前方站，车站对站台进行广播，做好乘客安抚工作。

8. 运营时刻表中没有规定通过车站或无行调命令，司机不得驾驶列车通过车站。但当列车通过车站或清客时，司机应及时广播通知乘客。

9. 列车运行驾驶模式，按安全级别从高到低依次为：列车CTC控制模式下的AM–CTC和SM–CTC驾驶模式，点式控制ITC模式下的AM–ITC和SM–ITC驾驶模式，RM驾驶模式，NRM驾驶模式。

在运营时间内，上述驾驶模式的转换除在规定位置操作外，从高到低转换时，必须得到行调允许后方可进行操作；从低到高转换时，司机视情况进行操作后，再及时报告行调。

10. 列车司机在运行中要掌握好各种速度。以某地铁线路为例，说明列车运行的限速要求，见表3–5。

表3–5　　某地铁线路运行限速表

序号	项目	限制速度						说明
		AM–CTC	SM–CTC	AM–ITC	SM–ITC	RM	NRM	
1	正线运行	设定速度	推荐速度	设定速度	推荐速度	25	60	
2	通过列车站	设定速度	40	设定速度	40	25	40	车头部离开头端墙的速度
3	进站停车	设定速度	50	设定速度	50	25	50	车头部进入尾端墙的速度

续表

序号	项目	限制速度						说明
		AM-CTC	SM-CTC	AM-ITC	SM-ITC	RM	NRM	
4	推进运行	—	—	—	—	25	30	单列车后部推前部为30 km/h，救援列车在被救援列车尾部推进时为30 km/h，在前端牵引运行时为40 km/h
5	退行	—	—	—	—	—	30/35	因故在站间退回发车站时（推进 / 牵引）
6	引导信号	—	—	—	—	25	25	
7	进入终点站	设定速度	30	设定速度	30	25	30	
8	在辅助线上运行	设定速度	25	设定速度	25	25	25	包括通过渡线、存车线、折返线、联络线
9	车辆段内	—	—	—	—	25	25	库内线路为5 km/h，试车线除外。洗车时限速3 km/h

四、列车运行安全的影响因素

从安全运行管理的角度分析，行车事故是各种不安全因素相互作用的结果。影响行车安全的主要因素及控制见表3–6。

表3–6　　影响行车安全的主要因素及控制

序号	影响行车安全的主要因素	不安全因素的控制
1	行车纪律松弛，出乘标准化作业不落实，责任贯彻不力	加强对司机违章行为的管理和控制。通过对司机的教育、培训、考核、惩戒等，端正司机对安全行车的态度
2	疲劳行车，带情绪开车	
3	业务素质不高，不能处理运行中的突发事件和故障	不断加强司机的业务培训，使司机在技术和经验上不断提高
4	司机思想波动大，情绪不稳定，责任心不强，行车纪律观念淡薄，臆测行车	
5	设备老化，技术结构不合理	强化和改善行车设备管理
6	风、雪、雷电等恶劣气候及环境的影响	提高司机适应环境变化与处置突发事件的应变能力。在不断学习的基础上，以各类预案和规定为依据，开展定期和不定期的讲解、演练、培训
7	安全管理及规章制度的适用性存在缺陷	

第四节　调车作业安全

调车作业是指除列车正线运行、车站到发作业以外的一切车辆有目的的移动。在调车作业中发生的事故称为调车事故。调车作业惯性事故包括冲突、脱轨、挤岔和溜逸事故。据统计，90% 以上的行车事故是在调车作业中发生的。因此，只有分析清楚调车事故发生的原因，落实安全防范措施，才能有效防止事故的发生。

一、调车作业指挥及岗位作业要求

调车作业实行“集中领导、统一指挥”的原则，各岗位职责要求见表 3–7。

表 3–7　　调车作业各岗位职责要求

序号	岗位	岗位职责
1	场（段）调度	调度员集中领导、统一指挥调车工作。根据车辆、线路、设备检修计划和现场作业情况，科学、合理地编制调车作业计划，组织调车人员安全、及时地完成调车任务
2	场（段）值班员	负责办理接发列车、排列进路和调车作业进路控制。根据调车作业计划单和现场作业情况、机车车辆停放股道，正确、及时地排列调车进路、开放调车信号，做到随时监控机车车辆运行
3	调车员	调车作业由调车员单一指挥，根据调车作业计划单，通过正确、及时地显示信号指挥调车驾驶员，并注意行车安全
4	调车司机	根据调车员的信号，准确、平稳地操纵车辆，时刻注意确认信号，不间断进行瞭望，正确、及时地执行信号要求

二、编制和布置调车作业计划的基本要求

1. 编制调车作业计划

编制调车作业计划必须在确保安全的前提下，充分考虑调车效率。一批作业超过 3 钩或变更计划超过 3 钩，应使用调车作业通知单。

2. 布置调车作业计划

调车作业计划要及时、正确地布置。调车领导要将调车作业亲自传达给调车员。调车员要亲自传达给参加调车作业的司机。调车员必须确认有关人员均已了解调车作业计划后，方可开始作业。

3. 变更调车作业计划

变更调车作业计划时，调车领导必须停止调车作业，将变更内容重新传达给每一名作业人员，确认无误后方可作业。

三、调车作业前准备工作的基本要求

1. 调车作业安全准则

调车作业时，要坚持“八不动车”的安全准则。

（1）设置铁鞋防溜时，不拿出铁鞋不动车。

（2）凭自身动力动车时，没有制动不动车。

（3）机车、车辆制动没有缓解不动车。

（4）调车作业目的不清不动车。

（5）调车作业没有联动不动车。

（6）没有信号或信号不清不动车。

（7）道岔开通不正确不动车。

（8）侵限、侵物不动车。

2. 认真检查线路、道岔、停留车位置情况

（1）检查调车作业的线路上有无障碍物。

（2）检查停留车位置。

（3）检查防溜措施。

（4）检查道岔开通位置。

（5）检查库门开启状态。

（6）检查道沿距离。

四、调车作业显示信号的基本要求

目前，大部分城市轨道交通企业在场内调车作业和正线工程车推进运行时，已采取无线调车电台进行现场指挥。正常情况下，指挥调车作业与调车作业人员使用无线调车电台相互联系。当设备发生故障时，则改用手信号指挥调车作业。因此，调车作业人员不但要熟悉信号显示内容，还要掌握显示方法。显示信号时，要做到位置适当，正确及时，横平竖直，灯正圈圆，角度准确，段落清晰。

1. 正确选择显示信号的位置

调车员应站在易于瞭望，能确认前方进路，又能使驾驶员看见信号的位置上显示信号。

2. 正确显示连挂信号

在推进车辆连挂作业时，为了使司机及时了解调车车辆与停留车之间的距离，调车员应显示连挂信号和距离信号，以做到平稳连挂。没有显示连挂信号和距离信号，不准挂车。调车牌显示信号后，没有听到司机鸣笛回示时，要立即显示停车信号。机车车辆接近被连挂车辆不少于 1 m 时一度停车，确认车钩位置正确后再连挂。确认连挂好后，推动车辆前应指挥驾驶员进行试拉。

五、调车运行安全的基本要求

1. 调车作业禁止以下行为：

（1）设备或障碍物侵入线路设备限界时，禁止调车作业。

（2）禁止提活钩溜放调车作业。

（3）客车转向架液压减振器被拆除，但空气弹簧无气时，禁止调车作业。

（4）禁止两组车组或列车，同时在同一股道上相对移动。

2. 场（段）值班员正确及时地排列调车进路、开放调车信号，随时监控车辆运行。调车作业中，司机与场（段）值班员保持联系，严格执行呼唤制度。

3. 调车作业中司机应正确掌握速度（调车作业限速见表 3–8）。在瞭望条件差、天气不良等非常情况下适度降速。

表 3–8　　调车作业限速

序号	项目	限速（km/h）	说明
1	场（段）内空线牵引运行	25	
2	场（段）内空线推进运行	15	
3	调动装载超长货物车辆	10	
4	在尽头线调车时	10	距车档小于 10 m 时，限速 3 km/h
5	在停车库内及维修线时	5	
6	对货位时	5	
7	接近被连挂车辆时	5	距被连挂车小于 3 m 时，限速 3 km/h

4. 在尽头线调车作业时，距离线路终端应有 10 m 的安全距离。特殊情况下，需小于 10 m 时，应严格控制速度并采取防溜措施。

5. 在机车车辆移动中，作业人员禁止以下行为：

（1）在平板车的侧板或端板、支架上坐立。

（2）站在车梯上探身过远。

（3）在装载易窜动货物的车辆间和货物空间站立或坐卧。

（4）骑坐车帮，跨越车辆。

（5）进入线路内摘挡或调整钩位。

（6）在机车前后端坐立。

六、车辆停留、防溜及止轮器存放的规定

1. 连接线、牵出线、洗车线、走行线（接发列车时除外）、试车线、咽喉道岔区禁止

停放机车车辆。在其他线路存放车辆时，应经场（段）调度员同意方可占用。机车车辆应停在线路两端信号机内一侧。

2. 工程车、轨道车停放在带电区时，应在上车顶扶梯处悬挂“高压危险，禁止攀爬”标牌。

3. 调车作业应做到摘车时先做好防溜后再摘车，挂车前检查防溜状况，确认无误后才能挂车，挂妥后再撤出防溜。

4. 铁鞋应统一放置于机车车辆一侧的车轮下。撤除防溜后，铁鞋应及时放归原位。

知识窗

铁　鞋

铁鞋安装在专用线或到发线，用于车辆防溜，不用专用钥匙无法打开锁爪，起到防盗和安全防溜作用。

七、调车作业惯性事故原因分析

调车作业惯性事故原因分析见表 3–9。

表 3–9　　调车作业惯性事故原因分析

序号	事故原因	原因分析
1	调车作业计划不清或传达不彻底	调车作业计划是值班员、调车组等调车作业相关人员统一的行动计划，如果调车计划本身不清，将造成调车进路排错，导致机车车辆进入线路，如果调车计划传达不彻底，将造成值班员和调车司机行动不一致，容易发生事故
2	作业前检查不彻底，准备不充分	调车作业前，必须按规定提前排风，摘接风管，核对计划，确认进路，检查线路、道岔和停留车辆情况。手闸制动时要选闸、试闸，铁鞋制动时要准备足够、良好的铁鞋

续表

序号	事故原因	原因分析
3	误排进路或未扳、错扳、临时扳动或错误转动道岔	值班员误排进路或未扳、错扳、临时扳动或错误转动道岔，调车员和司机不认真确认信号及道岔位置，极易造成冲突、脱轨和挤岔事故
4	调车信号显示不标准	未按规定要求显示信号，错过了显示信号的时机，错误地显示信号
5	前端无人引导推进运行或推进车辆无试拉	推进作业时如果前端无人引导，调车司机无法确认线路及停留车情况，易造成撞车和脱轨事故。推进车辆不试拉，一旦车辆出现假连接，易发生撞车、脱轨、挤岔和溜逸等事故
6	未按规定采取防溜措施	在线路上停放车辆时，如果未按规定采取防溜措施，易造成车辆溜逸事故

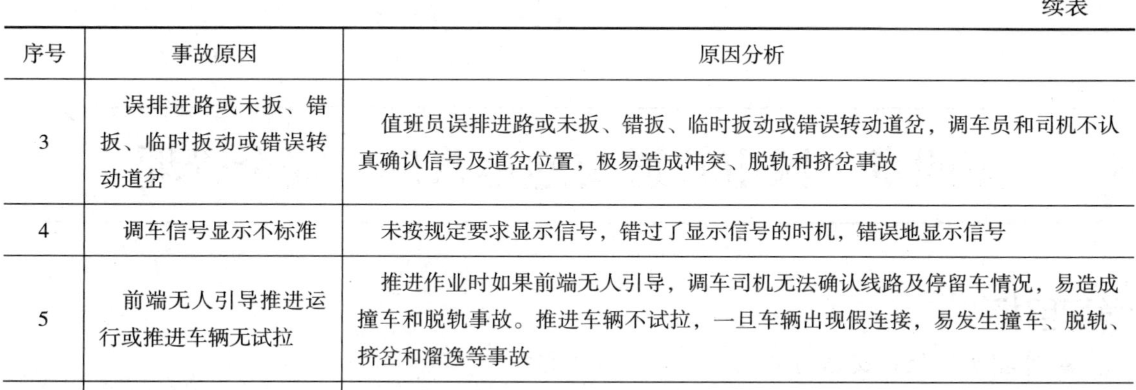

【思考与练习】

1. 行车组织的基本原则是什么？
2. 什么是行车闭塞法？常用的行车闭塞法有哪几种？
3. 接发车作业的危险源有哪些？如何进行防范？
4. 调车作业产生事故的主要原因有哪些？
5. 在调车作业中，调车相关人员应注意哪些安全事项？
6. 如何保证列车运行中的操作安全？
7. 列车司机的作业准则有哪些？
8. 为确保列车运行安全，司机应注意哪些安全事项？
9. 模拟演练电话闭塞法行车，分析车站各岗位及列车驾驶员岗位在电话闭塞法行车中的危险源并提出安全防范措施，写出实训报告。

第四章　城市轨道交通运营施工安全管理

学习目标

◆ 掌握城市轨道交通运营施工安全管理内容。

◆ 熟悉运营施工组织及控制形式。

◆ 掌握施工作业人员管理制度。

◆ 掌握运营施工安全管理的基本方法。

◆ 了解运营施工的组织方式。

◆ 能够进行运营施工现场和作业人员的管理。

施工安全管理是施工管理者运用经济、法律、行政、技术、舆论、决策等手段，对人、物、环境等管理对象施加影响和控制，排除不安全因素，从而达到安全生产目的的活动。城市轨道交通运营施工安全管理是根据城市轨道交通行车与施工共存的特点，规范城市轨道交通的日常施工管理工作，主要是对管理机制、施工现场、人员活动以及劳动纪律等进行管理。

第一节　城市轨道交通运营施工管理概述

一、运营施工管理

1. 运营施工管理的概念

运营施工管理是指施工员（基层施工管理人员）在施工现场具体解决施工组织设计和现场关系的一种管理。施工员要进行现场监督、测量、编写日志、上报进度及质量，并处理现场问题。

2. 运营施工管理的内容

运营施工管理一般分为施工前、施工中和施工结束三部分组织工作。

（1）施工前

施工前的组织工作包括相关人员安排、组织学习施工作业计划、施工前的准备、施工请点等。

（2）施工中

施工中的组织工作包括进入施工地点的组织、各专业沟通协调配合、施工进度的控制等。

（3）施工结束

施工结束的组织工作包括撤除防护、出清线路、人员离场和销点等。

3. 运营施工管理的特点

（1）施工情况复杂

运营施工管理是一个复杂的系统工程，具有点多、线长、时间短、交叉作业多、施工量大、地点集中、夜间施工多等特点。

（2）施工专业多

与行车相关的设备由站台屏蔽门、轨道线路、供电、机电、信号、通信等多个专业组成，各专业都要按照本专业设备的检修周期与工作内容对设备进行检修和维护。

（3）施工时间短

运营线路的维修施工作业都集中在夜晚运营结束后至第二天首班车运营前 1 个小时内进行，作业时间只有 3 ～ 5 个小时。

（4）配合作业多

由于检修工作集中在一个有限的时间、空间和工作平面内，有的需要停电，有的需要工程车配合，有的需要相关专业配合，有的需要封锁区间等。

二、运营施工分类

运营施工通常按是否影响行车及施工作业地点和性质分为以下三类，见表 4–1。

表 4–1　　地铁运营施工分类

<table>
<tr><th colspan="2">类别</th><th>施工作业内容</th><th>审批权限</th><th>备注</th></tr>
<tr><td rowspan="3">A 类
影响正线、辅助线行车的施工</td><td>A1 类</td><td>区间开行工程列车、客车的施工</td><td rowspan="3">①须经行调批准，方可进行
②影响出入段线行车的施工，行调须通知段调</td><td></td></tr>
<tr><td>A2 类</td><td>区间不开行工程列车、客车的施工</td><td></td></tr>
<tr><td>A3 类</td><td>车站、主变电所、OCC 行车设备区范围内影响行车设备设施的作业</td><td></td></tr>
<tr><td rowspan="2">B 类
在车辆段的施工</td><td>B1 类</td><td>开行客车、工程列车的施工</td><td rowspan="2">①经段调同意方可进行
②如影响正线行车，须报行调批准</td><td></td></tr>
<tr><td>B2 类</td><td>不开行客车、工程列车但在车辆段线路限界、影响接触网停电、在车辆段线路限界外 3 m 内搭建相关设施及影响车辆段行车的施工</td><td></td></tr>
</table>

续表

类别		施工作业内容	审批权限	备注
	B3 类	车辆段内除 B1 类和 B2 类以外，其他影响行车设备设施的施工为 B3 类	①经段调同意方可进行 ②如影响正线行车须报行调批准	包括供电、通信、信号、机电等与行车有关设备的检修或影响行车有关设备的作业
C 类 在车站、主变电所、OCC 行车设备区范围内不影响行车的施工	C1 类	大面积影响客运、消防设备正常使用，需动用 220 V 以上电力及需要动火的作业	①运营管理部门内部的施工项目经车站批准方可施工 ②外部单位施工作业按外单位施工作业管理流程进行，经车站批准方可施工	含外单位进入变电所、通信设备房、信号设备房、环控电控室、照明配电室、蓄电池室、水泵房、其他气体灭火保护房内作业
	C2 类	其他局部影响客运，但经采取措施影响不大且动用简单设备设施的施工		动用 220 V 及以下的电力、钻孔等，不违反安全规定的作业
车辆段 其他施工		按部门职责明确施工管理，在车辆段内绿化、道路整改、围墙护栏以及生活区、办公区等与行车无关的施工由相关责任部门管理，附属设备由设备设施维修部门负责，检修线、洗车线库内车辆工艺设备检修由车辆部门负责		施工作业时不需要申报施工计划和施工登记，由设备专业归属部门进行管理，属地部门配合

三、管理机制

全国各地对运营施工均设有相应的管理机构、规章制度和管理机制，现以某地铁为例对管理机制进行说明。

1. 组织机构与规章制度

地铁施工安全管理机构一般有施工协调管理小组、施工协调工作小组，主要职责是定期对施工的开展情况进行分析总结，并有针对性地进行改进。

2. 安全教育与培训

安全教育与培训的目的在于提高职工的安全意识，丰富安全生产知识，增强施工安全的自主性，防止人的不安全行为，减少人为失误。

（1）三级安全教育

对于入职、转岗、晋升的职工应进行部门、车间、班组的安全教育和技术培训，经考核合格方准上岗。企业对新职工进行初步安全教育的内容，包括安全生产方针、政策、法

规、标准、规范、规程和安全知识。

（2）特种及特定的安全教育

特种作业人员除一般性安全教育外，还要按照国家、行业、地方和企业规定，通过特种专业培训和资格考核，取得特种作业人员操作证后方可上岗。

（3）经常性安全教育

在做好安全生产教育的同时，还必须把经常性的安全教育贯穿于安全管理的全过程，并根据教育对象的特点，采取多层次、多渠道、多方法进行安全教育。

3. 安全检查

安全检查是一项综合性的安全管理措施，是做好安全生产工作的重要手段，以及预防事故、消除事故隐患、减少职业病的有效方法。为确保安全生产持续稳定、可控，要对安全生产开展不同形式的安全检查。安全检查包括日常检查、专项检查、综合检查三种方式。

（1）日常检查

1）班组必须每天坚持安全检查，根据工作内容和生产场所实际，落实作业前安全检查、作业中安全监护、作业后安全清理。每天上班前和下班前，对设备、设施、作业场地和风、水、电等进行自查，确保作业安全和人身安全。每周进行一次全面检查。

2）车间每月组织安全检查不少于1次，对所属设备设施的维修作业、设备质量、安全管理进行安全检查。

3）各部门、车间要对车间、班组安全生产的执行情况进行不定期检查和抽查。

4）安全监察部门随机抽查各种规章制度执行情况。

（2）专项检查

专项检查包括“安全月”“消防月”等专项活动检查，防暑防汛、防寒过冬等季节性检查，节假日或重大活动前安全检查，特种设备、消防设备、危险品、施工安全、特殊工种持证情况等安全检查。

（3）综合检查

综合检查是由运营公司安全委员会办公室牵头组织，相关部门参加的检查，主要是对安全生产责任及安全管理制度的贯彻落实情况进行检查。

第二节　运营施工管理

运营施工管理是城市轨道交通运营管理的重要组成部分，是对运营设备进行正常维护、保养的基础性工作。

一、施工组织纪律

1. 行车调度施工组织纪律

在安排施工作业前，必须认真核对施工计划，确认无误后方可发布施工调度命令。施工作业时，行调应及时处理施工中发生的问题，必要时向值班主任汇报。

2. 电力调度施工组织纪律

（1）电力调度主要负责供电系统运行监控、供电运行方式的变更，执行各种运行施工计划、发布调度指令、审核工作票安全的措施，以及在供电系统设备运行、检修、故障处理和事故抢修中做好指挥工作。

（2）在安排施工作业前，必须认真核对施工计划，确认无误后方可发布准许施工的调度命令。

（3）运营时间内，无备用电源的非正常运行方式和应急运行方式应通报行调。

（4）已经批准的施工计划，应与施工单位共同做好准备工作。

（5）涉及其他专业的施工，应及时通知相关单位。

3. 各施工单位组织纪律

（1）施工单位施工负责人在安排施工作业前，必须认真核对施工计划，确认无误后按调度命令执行。

（2）已经批准的施工，应根据施工任务的性质及相关规章制度，做好相应的安全防护及应急准备工作。施工开始前，督促施工人员做好各项施工准备工作，保证施工按时进行。在施工过程中，协调解决出现的问题，确保施工任务按时完成。

4. 施工现场作业纪律

（1）施工人员应严格按施工计划限定的时间、区域、内容进行作业。施工前对人员、工具、设备设施进行清点。

（2）遇特殊情况需延长施工作业时间时，施工负责人应在计划结束前 30 min 向行调 / 段调请示，得到行调 / 段调同意后方可延长。

（3）施工人员应按规定做好施工防护措施。

（4）施工人员须严格履行施工请、销点制度。

（5）施工结束后，施工人员须清理好现场，将设备恢复到正常行车条件并清点工具、人员。撤除防护措施后，方准撤离施工现场，进行销点。

二、施工控制内容

1. 作业计划的申报和办理

（1）内部施工计划申报程序（见表 4–2）

表 4–2　　内部施工计划申报程序

序号	办理项目	办理程序	备注
1	月计划	①车辆维修部门应于每月 8 日（含 8 日）前将下月工程车、轨道车、平板车等的维修计划发各部门 ②施工部门提报月计划时，应于工作开始前一个月的 12 日（含 12 日）前将施工计划提交调度部计划审批部门，调度部计划审批部门收到各部门施工计划后，在两个工作日内协调确定并下达 ③各部门根据开车施工计划情况填写非开车作业计划，将填写好的月 / 周施工计划申报单于工作开始前一个月的 18 日（含 18 日）前向施工计划审批部门提交	
2	周计划	施工单位需提报周计划时，应于工作开始前一周的星期二 16：00 以前，向施工计划审批部门提交月 / 周施工计划申报单	
3	日补充计划	日补充计划应于工作开始前一天的 11：00 以前，各施工部门收集、调整、汇总后，向调度部计划审批部门申报，其中节假日（含周六、周日）及节假日后上班第一天的日补充计划，统一在节假日前一天申报	车辆段的日补充计划应于工作开始前一天的 15：00 以前申报至段调处
4	临时补修计划	临时补修计划由各作业部门相关负责室根据当日设备故障处理情况，统一向施工计划审批部门（或 OCC 维调）提出申请，其他非故障处理的作业不得申请临时补修计划	车辆段临时补修计划提报至段调处

（2）外单位施工计划申报程序（见表 4–3）

表 4–3　　外单位施工计划申报程序

序号	办理项目	办理程序
1	施工方案审核依据	外单位须根据与总公司签订的施工合同或与运营管理部门签订的施工合同，或者提供运营总公司或运营管理部门开具的施工委托单或有运营管理部门参加的会议纪要和施工技术方案到运营技术管理部门进行技术审核
2	施工方案的审核及发送	运营技术管理部门负责协调、组织外单位施工技术方案的审核和指定主办或主配合部门，并将方案审核处理单发送给外单位、主办（主配合）部门、其他各配合部门和施工计划审批部门，处理单中必须指明主办（主配合）部门和其他各配合部门。培训管理部门负责施工负责人安全培训，经考核通过后，发安全合格证
3	协议签订	施工计划审批部门接到方案审核处理单后，负责与外单位签订施工安全协议，并办理外单位施工作业许可单

续表

序号	办理项目	办理程序
4	委外施工计划申报	涉及运营管理部门内实施委外维修及施工，外单位须持外单位施工作业许可单将相关施工计划提交主办部门。主办部门须审核外单位施工作业许可单、施工安全措施、影响情况、提供配合情况，以本部门的名义申报施工作业计划
5	配合施工计划申报	涉及配合外单位的施工及委外项目施工，外单位持外单位施工作业许可单将相关施工计划提交主配合部门。主配合部门须审核外单位施工作业许可单、施工安全措施、影响情况、本部门提供配合情况，并以本部门的名义申报施工作业计划

（3）施工进场作业令的办理

1）施工进场作业令适用范围。凡在运营管理部门所辖设备和范围内进行的施工作业，原则上必须持施工进场作业令（见表4–4）方可进场作业。

施工进场作业令是在运营管理部门管辖范围内进行施工作业的重要凭证，统一由运营施工管理部门管理、审核、签发。

表4–4　施工进场作业令

<table>
<tr><td>作业代码</td><td colspan="3"></td><td colspan="2"></td><td colspan="3"></td></tr>
<tr><td>作业单位</td><td colspan="3"></td><td colspan="2"></td><td colspan="3"></td></tr>
<tr><td>作业时间</td><td colspan="8"></td></tr>
<tr><td>作业区域</td><td colspan="8"></td></tr>
<tr><td>作业内容</td><td colspan="8"></td></tr>
<tr><td>动火安排</td><td colspan="8"></td></tr>
<tr><td>安全防护措施</td><td colspan="8"></td></tr>
<tr><td>工程车作业
注意事项</td><td colspan="8"></td></tr>
<tr><td>封锁区间</td><td colspan="8"></td></tr>
<tr><td>供电安排</td><td colspan="8"></td></tr>
<tr><td>配合要求</td><td colspan="8"></td></tr>
<tr><td>完成情况</td><td colspan="8"></td></tr>
<tr><td>承认号</td><td colspan="3"></td><td>签发单位</td><td colspan="4"></td></tr>
<tr><td rowspan="2">请点</td><td>时间</td><td></td><td rowspan="2">销点</td><td>时间</td><td></td><td rowspan="2">销令</td><td>时间</td><td></td></tr>
<tr><td>批准人</td><td></td><td>批准人</td><td></td><td>批准人</td><td></td></tr>
<tr><td>备注</td><td colspan="8"></td></tr>
<tr><td colspan="9">注：若临时取消作业，施工单位须到作业令签发部门办理销令。</td></tr>
</table>

2）办理施工进场作业令。办理施工进场作业令的有关规定见表 4–5。

表 4–5　　办理施工进场作业令的有关规定

序号	办理项目	项目内容
1	编制	施工计划审批部门于施工作业开始前一天 16：30 前根据月计划、周计划、日补充计划编制好施工进场作业令。临时补修计划的施工进场作业令，工作日工作时间内由计划审批部门编制，节假日和工作日的非工作时间由 OCC 编制
2	发放	月计划、周计划、日补充计划的施工作业部门于前一天下班前到施工计划审批部门作业令办理点登记领取施工进场作业令。临时补修计划的施工部门于当日领取施工进场作业令
3	使用	施工进场作业令一经签发，不得随意更改，相关作业部门必须严格按施工进场作业令规定的时间、地点安排作业
4	使用程序	作业单位持施工进场作业令到施工点所在的车站或车辆段登记请点施工。车站根据作业单位的施工进场作业令向行调请点（B/C 类作业由段调 / 车站审批）；A 类和影响正线及出入段线行车的 B 类作业，经行调审核批准方可安排施工

2. 施工人员进出场规定

施工人员进出场的有关规定见表 4–6。

表 4–6　　施工人员进出场的有关规定

序号	进出场人员	进出场安全规定
1	收车前进出场人员	施工负责人持施工进场作业令，在规定施工开始时间前 30 min 到达主站；施工责任人及维修人员在规定施工开始时间前 15 min 到达辅站和相关车站，按规定程序办理施工作业手续
2	收车后到达车站人员	施工负责人须提前与车站预约，说明原因并确定进站时间和出入口，车站根据预约时间、地点检查工作证后放行
3	外单位施工进出车站人员	外单位的施工作业人员进出车站须提前与车站当值人员联系，并于关站前 10 min 进站。确需关站后进入的人员应事先与车站预约，说明原因并确定进站时间和出入口站。车站根据预约的时间、地点，查验安全合格证、施工进场作业令或外单位施工作业许可单后放行

3. 非运营时间的设备检修施工规定

非运营时间的设备检修施工有关规定见表 4–7。

表 4–7　非运营时间的设备检修施工有关规定

序号	作业内容	设备检修施工安全规定
1	收车后检修作业	每日运营结束后，作业部门按计划对各设备系统进行检修作业，并应于规定时间内完成对运行线路巡道和施工线路出清程序
2	站间区间开行工程车	在两站之间正线线路作业需要开行工程列车时，由行调指定的车站值班员负责掌握施工情况，监督施工安全
3	施工登记及安全防护	在正线及辅助线施工开始前，施工负责人应进行施工登记，经行调批准后，车站签字确认，通知施工负责人设置防护信号后，并送维修施工人员到站台端墙，确保施工人员进入正确的施工区域
4	注销登记及销点作业	施工结束后，施工负责人负责线路出清、人员撤离现场，经检查确认撤除防护后，施工负责人办理注销施工登记手续，车站向行调销点

4. 运营时段的设备抢修作业（或应急处置）规定

（1）封锁区间抢修作业

封锁区间抢修作业的规定见表 4–8。

表 4–8　封锁区间抢修作业的规定

序号	作业内容	作业规定
1	封锁区间抢修的程序	①由行调负责组织故障情况下的行车，根据维调要求组织相关问题的处理 ②行调向相关车站发布封锁线路的命令，并通知车站允许施工人员进入线路，必要时通知电调停电 ③维调得到行调的封锁命令号码、范围和时间后，负责组织封锁区间内的设备抢修工作，并指定一名施工负责人为现场指挥 ④抢修完毕，现场指挥确认线路出清后报维调，维调确认可恢复行车，该封锁区间交回行调解封。行调组织列车运行 ⑤列车或车辆在线路上的起复救援工作按相关应急处理程序执行
2	抢修、救援人员进入封锁区间	抢修、救援人员进出已交由维调控制、封锁的区间应向维调申请，得到维调批准后进入封锁的区间
3	车辆在线的起复救援作业	车辆在线的起复救援工作涉及系统设备，由分管的电调、环调和维调向值班主任提供技术支援，包括以下内容： ①影响范围、预计处理所需时间 ②变更的运行模式 ③处理进展情况 ④达到开通条件时的报告

续表

序号	作业内容	作业规定
4	设备故障或事故处理作业	①根据现场情况，由行调组织行车，事故处理主任负责现场抢救工作 ②电调、环调、维调接到故障或事故报告后，要尽快分析并做出判断 ③现场的维修人员、事故处理主任确认具备行车条件后通知值班员，值班员报行调，行调在行调工作日志内做好记录，包括姓名、职务、报告时间和报告内容 ④设备故障、事故处理完毕，由现场指挥报维调、检修调度或段调开通线路。遇车辆在正线上起复救援时，由现场总指挥确认可以行车并确定限速条件后，事故处理主任报告维调，维调报告行调开通线路

（2）临时抢修作业

1）根据运营情况安排的抢修作业，行调按照“先通后复”的原则及时安排抢修作业。

2）进入站台或站台附近区段作业的规定见表 4–9。

表 4–9　　进入站台或站台附近区段作业的规定

序号	作业内容	作业规定
1	施工登记	抢修人员到车控室办理临时登记手续后到站台待命，车站报行调抢修人员已到位
2	扣车	行调扣停列车后，及时通知车站抢修作业内容，具备抢修条件
3	入场作业	车站得到行调准许后，允许抢修人员进入抢修区间，车站应监督抢修人员进入正确的区域
4	安全防护	①施工负责人在来车方向设置红闪灯后开始作业 ②抢修期间严禁运行列车进入抢修区间或站台区域 ③在有安全地带避让列车的轨行区进行抢修作业时，须征得值班主任同意。抢修单位应在车控室安排有能力的联络防护员，现场抢修人员要及时避让列车，注意作业安全
5	销点恢复运营	①抢修人员抢修结束、出清线路、恢复运营条件后，及时向车站销点，车站向行调汇报线路已出清，行调组织列车开始运行 ②抢修人员应及时到车控室补办相关手续

（3）搭乘客车到区间隧道的抢修作业

搭乘客车到区间隧道抢修作业的规定见表 4–10。

表 4–10　　搭乘客车到区间隧道抢修作业的规定

序号	作业内容	作业规定
1	搭乘审批	搭乘客车应得到值班主任的批准
2	候车	抢修人员在指定车站站台待命，车站按行调指定的车次通知抢修人员上车
3	登乘客车	抢修人员登乘司机室后，通知司机在故障点前停车。进入司机室的抢修人员以两人为限，其余人员到客室乘车，下车时通过司机室进入轨道
4	抢修作业	能够及时恢复的作业，抢修完毕后立即汇报维调，维调汇报行调。在抢修人员进入司机室后，由行调通知司机动车 须滞留区间的作业，抢修人员进入安全地带后，用白色灯光做圆形转动或通过无线电联系，通知司机继续运行 抢修作业时不得超出指定区域，严禁影响其他列车运行。要返回车站时向维调申请，维调与行调协商后，分别通知抢修人员和列车司机，抢修人员在安全地带给司机停车信号，指示司机停车，司机打开驾驶室车门，让抢修人员上车

（4）车站或线路两旁发生设备故障

在车站或线路两旁发生设备故障，但不影响列车正常运行时，由维调统筹处理。

（5）车辆段内发生设备故障或事故

车辆段内发生设备故障或事故的规定见表 4–11。

表 4–11　　车辆段内发生设备故障或事故的规定

序号	故障或事故类型	相关规定
1	封锁线路	由段调负责封锁相关线路
2	行车类事故	由段调统筹处理，检修调度和维调配合
3	车辆部门管辖设备故障	由检修调度统筹处理，并指定一名专业人员指挥
4	设施维修部门管辖设备故障	由维调统筹处理，并指定一名相关专业人员

5. 施工请点规定

施工请点规定见表 4–12。

表 4–12　　施工请点规定

序号	施工作业	相关规定
1	A 类作业	施工负责人在作业令规定施工开始时间前 30 min 到车站，经车站检查施工进场作业令、安全合格证（施工负责人项目）合格后，填写相关登记本请点，由车站确认条件满足后向行调申报请点，行调审核后批准。车站值班员传达允许施工的命令，请点生效，可以施工
2	A 类作业，需由多车站进入施工	需由多个车站进入施工的作业项目，施工负责人除到主站按请点、销点规定办理外，还需核实辅站情况。辅站施工责任人在作业令规定施工开始时间前 15 min 到达辅站办理登记手续，辅站值班员检查施工进场作业令、安全合格证（施工负责人项目）合格后向主站值班员核实施工事项并请点，主站判断条件满足后报行调请点，行调批准施工，传达给施工负责人及辅站，辅站值班员允许施工责任人开始该作业点的施工
3	B1 类、B2 类作业	施工负责人到段调处请点，段调检查施工进场作业令、安全合格证（施工负责人项目）合格后方可批准。B3 类作业直接到段调处登记作业（属于外单位的 B3 类的作业，施工人员需持外单位进场作业许可单到段调处登记作业）
4	C1 类、C2 类作业	C1 类作业施工负责人持施工进场作业令，到车站、OCC 登记请点，经批准后方可进行。属于 C2 类的直接到车站、OCC 登记施工
5	区域同时包含正线和车辆段线路的作业	施工部门到段调处请点，段调在审核批准后，向行调请点，征得同意后，方可允许施工部门施工
6	外单位施工作业	由指定的施工主办部门或主配合部门人员协助办理请点后，方可开始作业
7	请点材料	在作业请点站（主站）请点，各部门可使用施工进场作业令原件、复印件（或传真件），外单位必须使用施工进场作业令原件。辅站登记可用作业令复印件（或传真件）

6. 施工销点规定

施工销点规定见表 4–13。

表 4–13　　施工销点规定

序号	施工作业	相关规定
1	A 类作业	施工作业地点仅一个站的，施工负责人在施工区域出清完毕后报车站，由车站向行调销点
2	B 类、C 类作业	施工完毕后，施工负责人负责施工区域出清后到车辆段、车站或 OCC 销点
3	区域同时包含正线和车辆段线路的施工作业	施工负责人在施工区域出清完毕后，向车辆段销点，车辆段在办理销点手续时必须同时向行调办理销点

续表

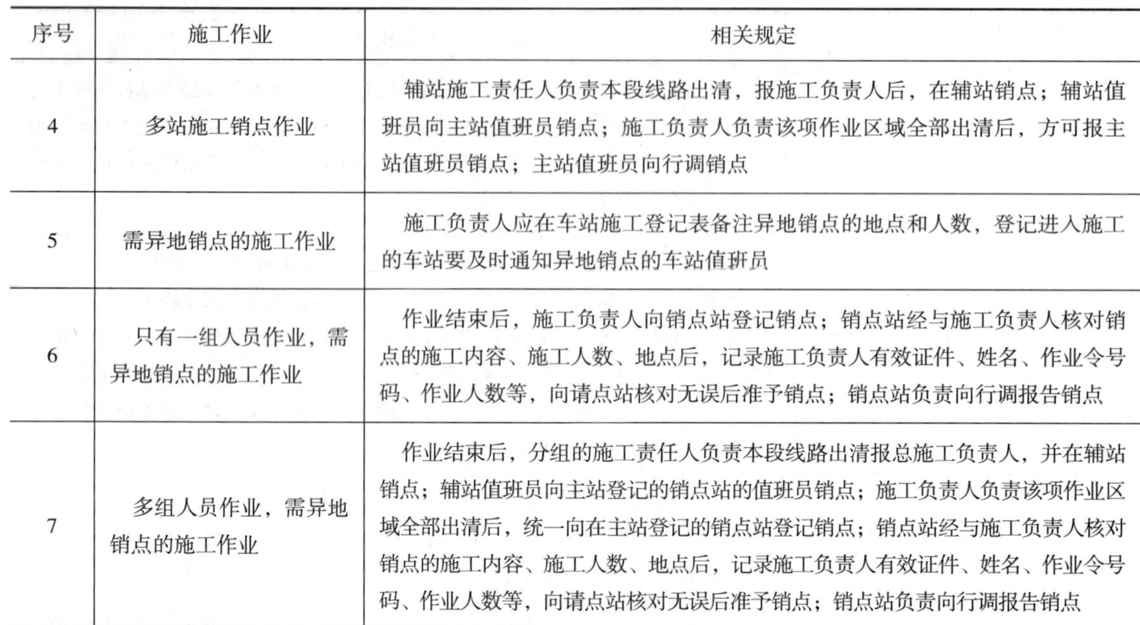

序号	施工作业	相关规定
4	多站施工销点作业	辅站施工责任人负责本段线路出清，报施工负责人后，在辅站销点；辅站值班员向主站值班员销点；施工负责人负责该项作业区域全部出清后，方可报主站值班员销点；主站值班员向行调销点
5	需异地销点的施工作业	施工负责人应在车站施工登记表备注异地销点的地点和人数，登记进入施工的车站要及时通知异地销点的车站值班员
6	只有一组人员作业，需异地销点的施工作业	作业结束后，施工负责人向销点站登记销点；销点站经与施工负责人核对销点的施工内容、施工人数、地点后，记录施工负责人有效证件、姓名、作业令号码、作业人数等，向请点站核对无误后准予销点；销点站负责向行调报告销点
7	多组人员作业，需异地销点的施工作业	作业结束后，分组的施工责任人负责本段线路出清报总施工负责人，并在辅站销点；辅站值班员向主站登记的销点站的值班员销点；施工负责人负责该项作业区域全部出清后，统一向在主站登记的销点站登记销点；销点站经与施工负责人核对销点的施工内容、施工人数、地点后，记录施工负责人有效证件、姓名、作业令号码、作业人数等，向请点站核对无误后准予销点；销点站负责向行调报告销点

7. 接触网停电挂地线作业的规定

（1）接触网停电自挂地线作业的规定见表 4–14。

表 4–14　　接触网停电自挂地线作业的规定

序号	作业内容	相关规定
1	施工作业请点	施工负责人到相关车站登记请点
2	车站请点	①进路列车出清后，行调通知电调停电 ②行调接到电调已停电的通知，向车站发布停电通知 ③车站接到停电通知后向行调请点 ④行调确认满足施工条件，批准请点
3	施工作业	①车站接到行调的批准，做好安全防护后方可批准作业人员开始施工 ②施工负责人向电调要令，电调确认具备条件后发布作业命令 ③施工负责人组织验电挂地线，确认挂好地线后，开始组织施工作业
4	施工结束	①施工结束，拆除地线，作业人员出清施工现场 ②施工负责人向电调销令后向车站销点 ③车站报告行调销点 ④行调向电调确认地线撤除、线路出清后方可同意车站销点 ⑤车站通知施工人员离开
5	送电	①行调确认可以送电，通知电调送电 ②电调确认相应作业命令已消除，再根据行调的要求送电

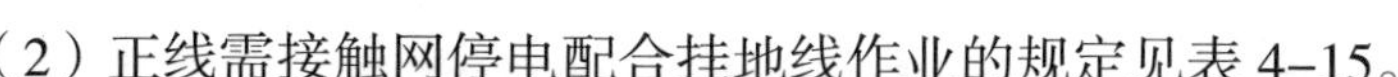

（2）正线需接触网停电配合挂地线作业的规定见表 4–15。

表 4–15　　正线需接触网停电配合挂地线作业的规定

序号	作业程序	作业规定
1	施工前请点办理	①施工负责人到相关车站登记请点 ②线路列车出清后，行调通知电调停电 ③行调接到电调已停电通知，向车站发布停电通知 ④车站接到停电通知，向行调请点，行调确认条件满足，准许车站请点
2	进场施工	①车站接到行调的批准，做好安全防护后即可批准施工人员进场作业 ②施工负责人通知配合挂地线人员验电、挂地线，配合挂地线负责人接到施工负责人通知后，向电调确认配合作业区段接触网已停电，方可验电、挂地线 ③施工负责人得到配合挂地线人员确认地线已挂好的通知后，方可施工
3	结束施工销点办理	①施工结束，施工负责人负责出清现场后，通知配合拆地线人员拆地线，得到配合拆地线人员确认地线已拆除，人员已出清的通知后，方可向车站销点 ②配合拆地线人员拆完地线，出清线路后，立即向电调汇报施工作业全部地线已拆除，人员已出清 ③车站向行调销点，行调确认线路出清后，方可同意车站销点
4	恢复送电	①行调确认可以送电，通知电调送电 ②电调得知全部地线已拆除，人员已出清后，再根据行调的要求送电，送电完成后通知行调接触网已送电。当行调要求送电 5 min 内，配合拆地线人员未向电调汇报地线已拆除，电调立即通知维调处理

（3）车辆段接触网停电挂地线的作业规定。

1）接触网专业人员操作车辆段隔离开关，对接触网停电挂地线时，须与电调办理操作隔离开关和拆挂地线的手续。车辆部门人员操作车辆段运用库隔离开关对接触网停电挂地线时，按照其他相关规定执行。

2）车辆段接触网停电和送电前，段调应确认是否具备停电、送电条件并报电调。

3）车辆段接触网检修作业的规定见表 4–16。

表 4–16　　车辆段接触网检修作业的规定

序号	作业程序	作业规定
1	施工前请点办理	①施工负责人到段调处登记请点 ②段调确认线路出清，可以停电，向电调申请接触网停电 ③电调对申请停电区域停电后，通知段调 ④段调准许请点
2	施工作业	①段调批准开始施工，并通知行调 ②施工负责人向电调要令，电调确认具备条件后发布作业命令 ③施工负责人组织验电挂地线，经确认挂好地线后，开始组织施工作业

续表

序号	作业程序	作业规定
3	施工结束销点办理	①施工结束，施工负责人确认线路出清及相关设备恢复到检修前的状态 ②施工负责人向电调销令后，到段调处销点，并确认隔离开关的位置正确
4	恢复送电	①段调通知行调施工结束，确认可以送电后，通知电调送电 ②电调确认相应作业命令已消除，再根据段调要求送电，并通知段调

4）车辆段需接触网专业配合停电挂地线作业的规定见表 4–17。

表 4–17　　车辆段需接触网专业配合停电挂地线作业的规定

序号	作业程序	作业规定
1	施工前请点办理	①施工负责人到段调处登记请点 ②段调确认线路出清（如需工程车配合时，工程车已进入作业区），可以停电，电调申请接触网停电 ③电调根据段调要求停电后，通知段调准许请点
2	进场施工	①段调批准施工人员进场作业 ②施工负责人通知配合挂地线人员验电、挂地线 ③配合挂地线负责人接到通知后，向电调确认配合作业区段接触网已停电，方可验电、挂地线 ④施工负责人得到配合挂地线人员确认地线已挂好的通知后，方可开始施工
3	施工结束销点办理	①施工结束后，施工负责人负责线路出清后通知配合拆地线人员拆地线，得到配合拆地线人员已拆除地线、人员已出清的通知后，方可向段调请求销点 ②配合拆地线人员拆完地线、出清线路后，立即向电调汇报施工作业全部地线已拆除，人员已出清 ③施工负责人向段调销点，段调确认可以送电后通知电调送电
4	恢复送电	电调得知配合拆地线人员全部地线已拆除、人员已出清后，再根据段调的要求送电，送电完成后通知段调接触网已送电。当段调要求送电 5 min 内，配合拆地线人员未向电调汇报地线已拆除时，电调立即通知维调处理

8. 有关配合作业的基本要求

（1）需要其他部门配合作业的部门，应主动在作业前与配合部门联系，并向配合部门详细说明有关情况，征得配合部门同意后方可申报计划。如不事先联系，得不到配合部门的及时配合，后果由作业部门负责。

（2）配合部门必须严格按配合要求提供配合，并按作业开始时间的要求提前做好准备，按时到场。对于配合外单位作业的，必须协助办理请点和销点手续。

（3）需其他部门配合作业的主作业部门，必须按规定的作业时间办理相关手续，超过30 min的视作该项作业取消，配合部门有权拒绝配合。

（4）需其他部门配合作业的施工项目，应加强与配合部门的联系，做好安全防护工作。

9. 与新线有关的外单位施工配合方式

（1）在换乘站设置的新线独立设备房的施工

外单位首次施工时，须在主配合部门的协助下，到车站办理相关施工申请。后续的施工，由施工负责人在车站办理施工手续，车站核对无误后办理。全部施工结束时，配合部门必须全面检查清场情况及运营设备状况等，若造成运营设备损坏，须责成施工单位进行整改。

（2）共用设备房的施工

共用设备房在施工前，由施工单位与配合部门共同确定对在用设备进行物理隔离。经配合部门检查对在用设备无影响后，按在换乘站设置的新线独立设备房的施工办理施工手续，确实无法隔离的比照进入运营线路设备房施工办理。

（3）不动用运营设备的联络线施工

首次施工时，由配合部门与施工单位共同办理施工手续，后续施工由施工负责人在车站办理施工手续。销点前，配合部门对施工区域进行检查后，与施工负责人共同办理销点手续。

10. 施工安全

（1）人与工程车在同一区域作业时，由施工负责人与车长根据现场情况协调。

1）按施工前进方向，列车在前，人员在后，原则上不得颠倒或列车运行前后皆有人作业。

2）非随车施工人员，与列车应有50 m以上的安全间隔，原则上列车不得后退。如需后退，须施工负责人和车长协商后才能动车。

3）作业人员应在现场作业区来车方向设置红闪灯防护。

（2）开行工程车、调试列车的有关防护。

1）组织工程车运行时，在工程车到达站前方，必须保证至少有一个站间区间空闲。

2）在开行工程车的作业区域前后方，必须保证至少有一个站台区或站间区间空闲。

3）在开行高速调试列车的作业区域前后方，必须保证至少有一个站间区间空闲。

（3）进入线路施工的施工作业人员必须按要求穿荧光衣，并根据作业性质及作业要求，使用其他安全防护用品。

（4）动火作业必须办理动火令。

（5）外单位施工由主办部门或主配合部门负责安全管理和监督。

（6）在申报施工计划时，应严格按照相关规定，结合施工作业实际情况，提出安全防护要求和配合要求。

11. 施工防护

（1）接触网停电检修或需接触网停电挂地线时，必须由具备接触网挂地线资质的人员在该作业地段两端挂接地线。

（2）在站内线路施工时，由施工负责人在车站两端头轨道中央设置红闪灯防护。

（3）在站间线路施工时，除施工部门在距作业地点两端不少于 20 m 处设置红闪灯防护外（距车站设置的红闪灯不足 20 m 的以车站设置为主，施工部门可不设置），车站还负责在该施工地段两端车站的端墙门对应的轨道中央设置红闪灯防护。施工前，由请点车站设置红闪灯，并通知作业区另一端车站值班员设置红闪灯。施工结束后，车站撤除红闪灯，并通知作业区另一端车站值班员撤除红闪灯。如遇施工作业区域跨越站内站间时，施工区域两端车站的防护信号应放在相关端墙门对应的轨道中央。

（4）在折返线、存车线、联络线、安全线上施工时，由作业人员在作业区域可能来车方向处放置红闪灯。

（5）车站安排人员检查红闪灯是否按规定摆放，以及红闪灯状态是否良好，并进行不定期检查。

（6）在运营时间内作业，必须做好防护措施，确保地铁乘客的安全，最大限度减少对乘客的影响。

（7）下列情况应将线路封锁并限定施工时间。

1）工程车或调试客车在一个区段或全线多次往返运行。

2）工程车在相应区段（不含加开运行一圈）作业。

3）对于更换钢轨、接触网、隧道维修等大型施工项目，在作业区域内只准有一项施工作业进行，无论有无工程车开行，均须将所占用线路封锁。

（8）施工作业时间需调整时，值班主任通知作业部门或主办、主配合部门，由该部门通知施工作业人员。

三、施工相关人员管理

1. 施工负责人的管理

A 类、B 类、C 类（B3 类、C2 类除外）作业需设立一名施工负责人，辅站另设施工责任人，实行持证上岗制度。B3 类、C2 类作业，不设施工负责人，但必须指定一名人员负责施工及施工安全管理。

（1）职责

1）负责作业人员和设备的管理。

2）办理请点、销点手续。

3）组织指挥作业过程。

4）及时与车站、车辆段联系作业有关事项。

5）组织设置、撤销作业安全防护设施。

6）出清作业区域，恢复设备状态正常。

（2）任职条件

1）熟知行车组织规则、施工作业管理办法等有关规定。

2）熟悉该项作业的性质、内容、方法、步骤、要求等。

3）具备与该项作业相关的安全知识和技能。

4）经过培训考核，取得相应证书。

2. 车站人员的职责

（1）查验施工作业人员和施工负责人 / 责任人的相关证件。

（2）办理施工作业登记申请和销点手续。

（3）在站台端墙处线路设置和撤销区间作业的施工防护。

（4）为施工作业人员开启屏蔽门、端墙门，并将施工作业人员带到相应的端墙门。

（5）监督施工负责人和配合人员清点进出作业区域的人员。

（6）监督车站施工作业安全。

（7）与施工负责人、配合人员确认施工区域线路出清。

3. 配合人员的职责

（1）协助外单位办理施工请点和销点，检查外单位人员施工防护、劳动保护情况。

（2）清点进出作业区域的施工作业人员。

（3）监督外单位的施工作业安全。

（4）检查外单位人员、物品出清线路，并向车站反馈。

（5）检查、确认施工所动用的运营设备恢复到正常使用状态，并向车站反馈。

（6）检查监督外单位人员，如发现严重违章或危及行车设备、人身安全时，有权停止其作业。

4. 维修作业人员

维修作业人员必须严格遵守相关法律、法规以及地铁运营公司的相关作业规章。

四、外单位施工人员管理

外单位施工人员除遵守上述规定外，还需遵守表 4–18 中的相关规定。

表 4-18　　外单位施工人员相关规定

序号	安全类别	相关规定	备注
1	施工安全	①施工时严格执行施工方案中规定的安全措施	
		②进场施工时，必须持安全合格证和施工进场作业令或外单位施工作业许可单办理请点手续。办理请点手续时，必须由指定的施工主办部门或主配合部门人员协助办理	未经批准，严禁擅自进入设备区、轨行区和区间风亭（井），严禁擅自通过区间风亭（井）进入轨行区，严禁擅自通过地面线进入轨行区
		③施工前，施工负责人必须对全体施工人员进行安全技术培训，加强施工安全监管	确保施工、登高、动火、用电等作业过程不出人身或设备安全事故
		④施工前，运营管理部门配合人员与外单位进行安全交底，配合人员要加强施工监督，发现不符合规定的情况应及时提出，发现危及安全的情况立即制止	施工人员必须听从运营管理部门现场配合人员和车站值班人员的监督指挥，配合人员和车站值班人员有权终止违章作业
		⑤严格按规定的作业地点、作业时间和作业内容进行施工，作业人员不得超出规定作业区域作业，严禁超出所挂地线的保护区域，杜绝无故延长作业时间的现象	
		⑥特种作业人员应按规定持相关操作证，严禁无证违章作业	
		⑦作业人员按规定穿戴劳动防护用品	
		⑧施工用的材料、机具，不得遗留或侵入运营线路和设备限界，要保证在线路出清后，才能拆除施工防护	
		⑨施工结束后，要及时恢复现场设备设施，做到工清场地清，施工负责人负责线路出清，主办或主配合部门配合人员负责监督检查出清情况	
		⑩施工过程中，施工负责人发现其他安全问题、隐患，应及时向现场配合人员或车站、段调报告	要采取有效措施，及时处理。即使与本施工无关的，也要配合现场处理
2	消防安全	①现场动火，必须办理动火凭证，操作人员必须持相应操作证，并按要求配备灭火器材	严禁在动火区堆放易燃物品，如果无法搬走，要采取隔离等安全措施
		②工地如需搭建工棚（房），须报运营公司施工管理部门批准，并做好灭火器材配置等安全措施	
		③接临时用电，应向运营公司技术部门提出申请，严禁擅自乱拉电线	
		④每天完工后应切断电源，关闭水源，关好门窗，清除垃圾	
		⑤严禁在非吸烟区吸烟	
		⑥施工材料应符合国家标准，使用前需经主办部门、主配合部门及技术部门确认	

续表

序号	安全类别	相关规定	备注
3	安防保卫	①施工前，外单位应对进入地铁施工的所有人员进行培训，做好保卫综合治理，并接受运营施工配合部门的管理和监督	
		②施工人员要自觉接受运营管理部门车站、车辆段工作人员的检查、验证、登记和管理；施工人员非工作需要，不准进入车站非公共区设备房、车辆段、OCC 大楼、主变电站、变电所等区域	
		③外单位施工人员携带物品进出运营方的各管辖区域时，由施工配合人、车站工作人员检查确认后放行。出车辆段，由施工配合人和保安人员检查确认后放行	任何人员不得私自带无关人员及与施工无关的物品进入施工场所。施工人员不得私自在施工场所留宿过夜
		④外单位自用的设备、工具、物料等应自己保管	
		⑤遵守法律法规和运营公司的有关规定	
4	技术安全	①与接触网安全距离小于 2 m 的施工，必须申请停电作业，按规定做好防护之后才能施工	
		②采取有效安全防护措施，防止作业油料、化学物品污染现场	
		③未经许可，地铁系统已安装、使用的设备设施，一律不准对其进行松动、拆卸、解体、移位等操作	造成地铁设施损坏时，要立即停工并及时通知施工管理部门。因施工拆卸天棚等物后需恢复原状，并经运营设备设施部门检查确认
		④未经同意，严禁随意移动或操作设备，严禁擅自开屏蔽门、端墙门	
		⑤施工作业还需符合其他相关规定	

【思考与练习】

1. 简述城市轨道交通运营施工的特点。

2. 简述城市轨道交通运营施工的分类。

3. 简述城市轨道交通运营施工计划办理的内容和要求。

4. 某地铁运营公司计划对 1 号线甲站至乙站进行接触网巡检作业，请编写该施工作业的作业计划，发放施工进场作业令，编写施工作业步骤及安全注意事项。

第五章　城市轨道交通消防安全管理

学习目标

- ◆ 掌握消防基本知识。
- ◆ 掌握城市轨道交通火灾的特点和危害。
- ◆ 掌握防火安全管理的具体措施。
- ◆ 掌握地铁火灾救援的方法。
- ◆ 掌握岗位消防安全职责。
- ◆ 了解常用消防设施和器材的使用方法。
- ◆ 学会正确填写消防工作表。

近年来，一些国家、地区相继发生地铁火灾事故。例如，2003 年，韩国大邱纵火案造成了 192 人死亡、148 人受伤、318 人失踪的惨剧。据统计，地铁事故中由于火灾引起的事故占所有事故的 70% 以上。因此，城市轨道交通企业必须重视消防安全管理工作。

第一节　消防基础知识

城市轨道交通在运营期间可能发生的灾害分为自然灾害和人为灾害。城市轨道交通灾害中发生频率最高、造成损失最大的是火灾事故。对城市轨道交通来说，消防安全是重中之重。

一、火灾的分类

1. 火灾的定义

火是以释放热量并伴有烟或火焰，或两者兼有为特征的燃烧现象。火灾是在时间或空间上失去控制的燃烧所造成的灾害。凡是失去控制并造成人身、财产损失的燃烧现象，均可称为火灾。

2. 火灾类型

根据可燃物的类型和燃烧特征，可以将火灾分为六类。

（1）A 类火灾

A 类火灾是指固体物质火灾，如木材、棉、毛、麻、纸张等。

（2）B 类火灾

B 类火灾是指液体或可熔化的固体物质火灾，如汽油、煤油、原油、甲醇、乙醇、沥青、石蜡等火灾。

（3）C 类火灾

C 类火灾指气体火灾，如煤气、天然气、甲烷、乙烷、氢气、乙炔等火灾。

（4）D 类火灾

D 类火灾指金属火灾，如钾、钠、镁、钛、锆、锂等火灾。

（5）E 类火灾

E 类火灾指带电火灾，通常指物体带电燃烧的火灾。

（6）F 类火灾

F 类火灾指烹饪器具内的烹饪物（如动植物油脂）火灾。

二、防火基本措施

一切防火措施都是为了防止产生燃烧的条件，防止燃烧条件互相结合、互相作用。构成燃烧有三个条件，即可燃物质存在、助燃物质存在、有导致燃烧的能源。根据物质燃烧的原理，防火可采取以下基本措施。

1. 控制可燃物

可燃物是燃烧过程的物质基础。控制可燃物的方法包括：在选材时，尽量用难燃或不燃的材料代替可燃材料，如选用阻燃性的材料，用防火漆浸涂可燃物以提高耐火性能；对于危险性区域，采用抽风或通风方法以降低可燃气体、蒸气和粉尘在空气中的浓度；分开存放能发生相互作用、助燃的物品等。

2. 隔绝空气

使用易燃易爆物的生产过程应在密封的设备内进行；有异常危险的生产，可充装惰性气体进行保护；隔绝空气储存某些化学危险品，如金属钠存于煤油中，黄磷存于水中，二硫化碳存于水中等。

3. 清除火源

清除火源可采用隔离火源、控制温度、接地、避雷、安装防爆灯、遮挡阳光等措施，防止可燃物遇明火或温度升高而起火。

4. 阻止火势、爆炸波的蔓延

阻止火势、爆炸波的蔓延，就要防止新的燃烧条件形成，具体措施有：在可燃气体管路上安装阻火器、安全水封；车辆排烟和排气系统戴防火帽；在压力容器设备上安装防爆膜、安全阀；在建筑物之间留防火间距、筑防火墙等。

三、灭火的基本方法

灭火的基本方法有四种，即冷却法、窒息法、隔离法和抑制法。

1. 冷却法

对一般可燃物来说，能够持续燃烧的条件之一就是它们在火焰或热的作用下达到了各自的着火温度。因此，对一般可燃物火灾，将可燃物冷却到其燃点或闪点以下，燃烧反应就会中止。水的灭火机理主要是冷却作用，如图 5–1 所示。

除用冷却法直接灭火外，可以用水冷却尚未燃烧的可燃物质，防止其达到燃点；还可以采用水冷却建筑构件、生产装置或容器等，以防止受热变形或爆炸。

2. 窒息法

可燃物的燃烧必须在其最低氧气浓度以上进行，否则燃烧不能持续进行。因此，通过降低燃烧物周围的氧气浓度可以起到灭火的作用。

运用窒息法扑救火灾时，可采用石棉被、湿麻袋、湿棉被、沙土、泡沫等不燃或难燃材料覆盖燃烧或封闭孔洞，如图 5–2 所示。

图 5–1　冷却法灭火

图 5–2　窒息法灭火

3. 隔离法

隔离法是将火源处或其周围的可燃物质隔离或移开，燃烧因缺少可燃物而停止，如图 5–3 所示。

4. 抑制法

抑制法是使灭火剂参与到燃烧反应过程中去，使燃烧过程中产生的游离基消失，而形成稳定分子或低活性的游离基，使燃烧反应终止。抑制法灭火如图 5–4 所示。

图 5-3　隔离法灭火

图 5-4　抑制法灭火

四、消防设备设施

1. 灭火器

灭火器用于扑救初起火灾。灭火器如果使用得当、扑救及时，可将火灾扑灭在萌芽状态。

灭火器按照外形可分为手持式灭火器（见图 5-5）和车推式灭火器（见图 5-6）。

图 5-5　手持式灭火器

图 5-6　车推式灭火器

灭火器按灭火剂种类可分为干粉灭火器、二氧化碳灭火器、泡沫型灭火器、水型灭火器等。

（1）干粉灭火器

干粉灭火器灭火级别较高，灭火迅速，具有电绝缘、低温使用和价格低廉等优点。根据充装的灭火剂，可分为碳酸氢钠灭火器（又称 BC 干粉灭火器）和磷酸铵盐灭火器（又称 ABC 干粉灭火器）。

操作实例

干粉灭火器的使用

①右手握住压把，左手托起灭火器底部，轻轻取下灭火器。

②右手提着灭火器到现场。

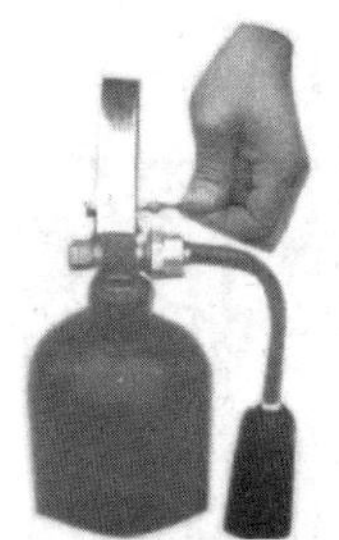

③除掉铅封。

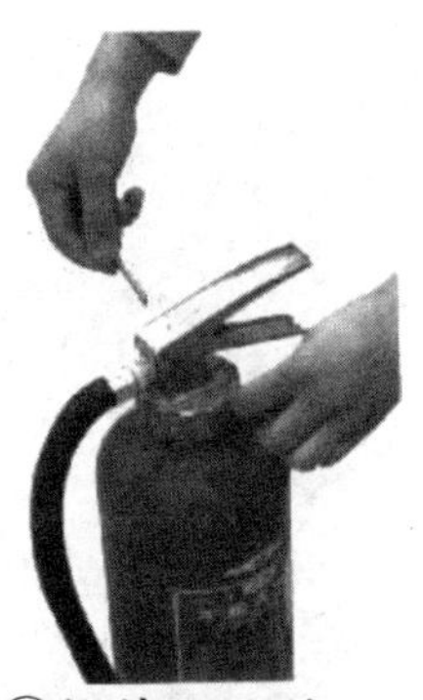

④拔掉保险销。

⑤左手握住喷管，右手提起压把。

⑥在距火焰 2 m 的地方，右手用力压下压把，左手拿着喷管左右摆动，喷射干粉覆盖整个燃烧区。

使用 ABC 干粉灭火器灭火时，应将灭火喷嘴对准燃烧最猛烈处，左右扫射，尽量使干粉灭火剂均匀地喷洒在燃烧物表面，直至把火全部扑灭。干粉的冷却作用较弱，一定要防止复燃。

（2）二氧化碳灭火器

二氧化碳灭火器如图 5–7 所示，将液态二氧化碳压缩在小钢瓶中，灭火时再将其喷出，有降温和隔绝空气的作用，主要用来扑灭图书、档案、贵重设备、精密仪器、600 V 以下电气设备及油类的初起火灾。

图 5–7　二氧化碳灭火器

操作实例

二氧化碳灭火器的使用

①右手握住压把。

②右手提着灭火器到现场。

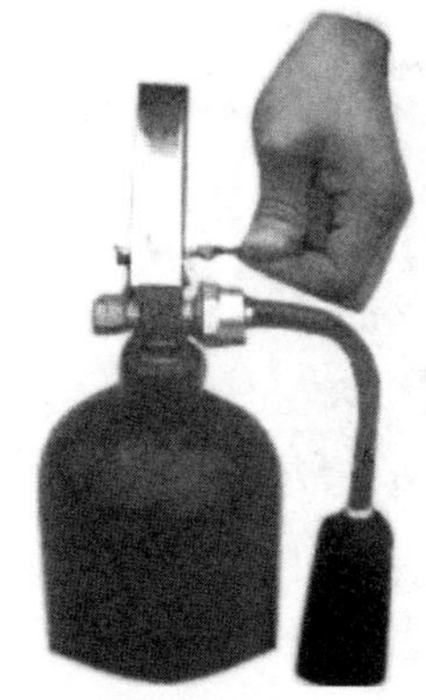

③除掉铅封。

④拔掉保险销。

⑤站在距火源 2 m 的地方，左手拿着喇叭筒，右手用力压下压把。

⑥对准火焰根部喷射并不断前进，直至把火焰扑灭。

使用二氧化碳灭火器时，不能直接用手抓住喇叭筒外壁或金属连接管，以免手部冻伤。在室外使用时，应选择上风方向喷射。在室内窄小空间使用时，灭火后应迅速离开，以防窒息。

（3）泡沫灭火器

泡沫灭火器如图 5–8 所示，灭火时能喷射出大量二氧化碳及泡沫，黏附在可燃物上，使可燃物与空气隔绝，达到灭火的目的，主要适用于扑救各种油类火灾、木材、纤维、橡胶等固体可燃物火灾。

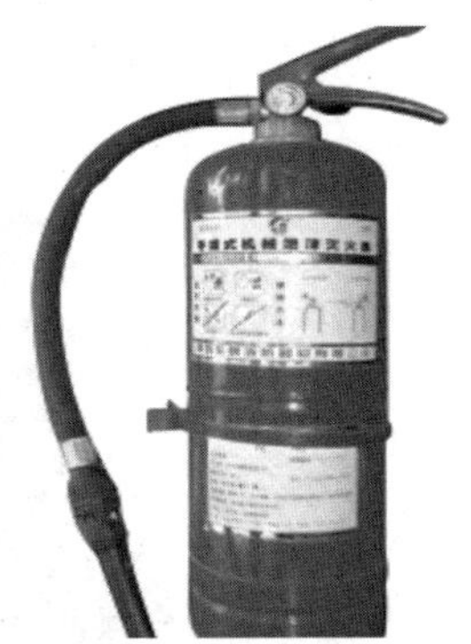

图 5–8　泡沫灭火器

操作实例

泡沫灭火器的使用

①右手托住压把，左手托起灭火器底部，轻轻取下灭火器。

②右手提着灭火器到现场。

③右手握住喷嘴，左手抓住筒底边缘。

④把灭火器倒过来，用力上下晃动几下，然后放开喷嘴。

⑤右手抓住筒耳，左手抓住筒底边缘，把喷嘴朝向燃烧区，从离火源 8 m 的地方开始喷射并不断前进，围绕火焰喷射，直至扑灭。

⑥灭火后，把灭火器卧放在地上，喷嘴朝下。

2. 消火栓

消火栓是一种固定消防工具，主要用于控制可燃物、隔绝助燃物、消除着火源，由消防水带、水枪、出口阀门组成，如图 5-9 所示。

图 5-9　消火栓

（1）使用方法

1）打开消火栓门，按下内部火警按钮。

2）一人接好枪头和水带奔向起火点。

3）另一人接好水带和阀门口。

4）逆时针打开阀门喷水灭火。

在使用消火栓时，如果遇到电起火要先确定切断电源。

（2）注意事项

1）使用消火栓灭火时至少需要三人，两人握水枪，一人开阀门。

2）防止水枪与水带、水带与阀门脱开，造成高压伤人。

3）使用消火栓应先检查是否断电，断电后方可进行施救。

3. 火灾自动报警设备

火灾自动报警系统可以实现火灾探测及报警，控制相应防火卷帘下降，控制消防泵、喷淋泵、专用排烟风机等的启动并接收其反馈信号，并将信号信息上传至 OCC。该系统具有自动监测、自动判断、自动报警功能。

（1）火灾自动报警系统构成

1）火灾报警控制器用于处理外围设备信息，接口与外部的通信以及报警功能，如图 5-10 所示。

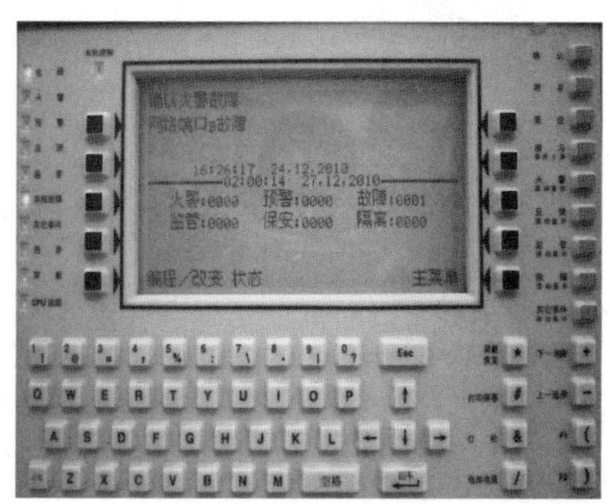

图 5-10　火灾报警控制器

2）外围设备包括感烟探测器、感温探测器、手动报警按钮、消火栓按钮、声光报警器、警铃、消防电话、感温电缆、控制模块、监视模块、消防立柜，相关设备如图 5-11、图 5-12、图 5-13、图 5-14、图 5-15 所示。

图 5-11　感烟探测器

图 5-12　感温探测器

图 5-13　手动报警按钮

图 5-14　监视模块

（2）火灾自动报警系统的使用

火灾自动报警系统以环网方式将各车站、OCC、主变电站、车辆段建筑物内的报警控制器构成一个整体网络。在 OCC 能对全线报警系统实时监控管理，随时掌握全线动态情况，及时对火灾状况进行监测报警并实施有关消防操作。

图 5-15　控制模块

各车站、主变电站、车辆段建筑物内也相应设置消防控制室。一旦火灾自动报警系统显示管辖范围内报火警，值班人员能立即到现场确认火警情况。

车站控制室的火灾自动报警系统工作原理，如图 5-16 所示。

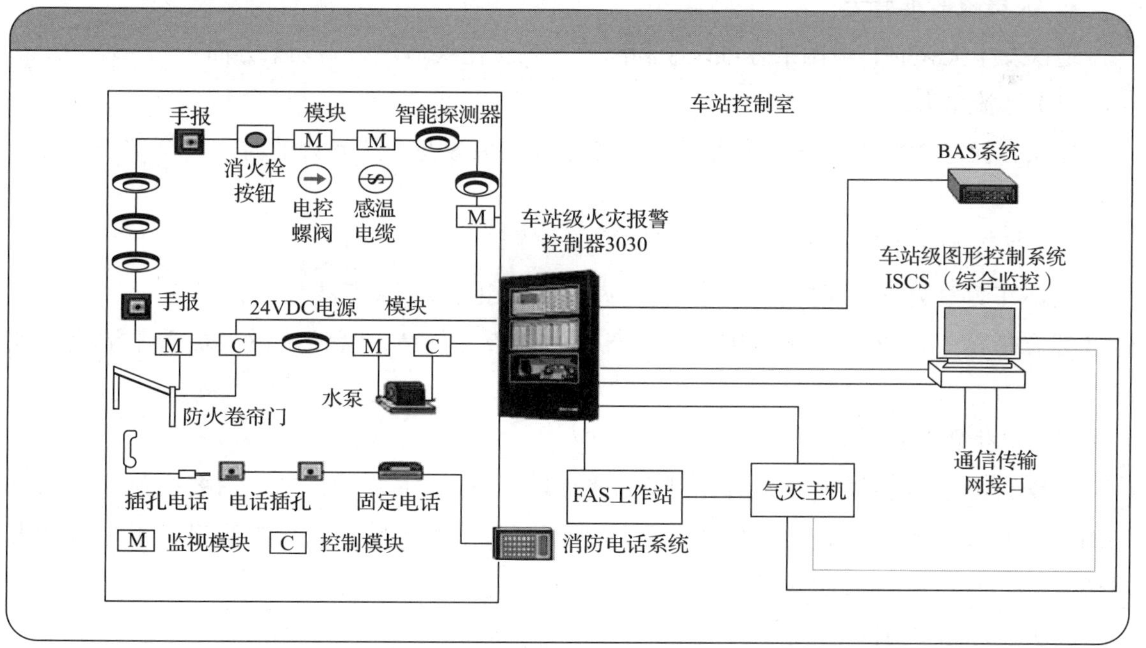

图 5-16　火灾自动报警系统工作原理

火灾自动报警系统启动程序如下：

1）火灾报警。

2）系统状态监控。

3）防排烟系统联动。

4）感烟探测器动作后，防火卷帘下降至距地（楼）面 1.8 m。人工确认后，防火卷帘下降到底。

5）气体灭火设备联动。

6）给排水设备联动。

7）电梯联动。

第二节　城市轨道交通火灾特点及预防措施

城市轨道交通一般采用地下或者高架的敷设方式，建筑结构复杂，出入口少，疏散路线长，通风照明条件差，电器设备种类多，人员高度集中，一旦发生火灾，往往会造成重大的人员伤亡和财产损失。因此，掌握城市轨道交通火灾的特点对有效预防和扑灭火灾有积极的作用。

一、城市轨道交通火灾特点

1. 人员疏散难度大

地铁发生火灾时，被困乘客难以顺利离开火场，主要体现以下几个方面：

（1）客流量大

地铁客流量大，一旦发生火灾，若要确保所有乘客在安全允许的时间内全部逃生，难度很大。

（2）地下光线不足

地铁车站、隧道区间内一旦发生火灾事故，正常电源将被切断，只有事故照明和疏散标志指示灯，再加上浓烟和火场中产生的刺激性气体，会使疏散人员看不清逃生路线。

（3）逃生距离长

地铁火灾事故多发生在站台或列车车厢内。一旦火灾发生，乘客需要由站台走楼梯到站厅，通过闸机和地铁出入口才能到达地面。由于逃生路线长，乘客慌乱易造成相互踏伤。

（4）允许逃生时间短

火灾发生后，被困人员在有毒烟气笼罩下的允许逃生时间只有 5 min 左右。

（5）逃生路径少

地铁的安全出口较少，一般是进出两个通道，也没有紧急避难场所。

（6）逃生意识差异大

地铁发生火灾时，很容易使乘客产生恐慌心理。大部分乘客会争先恐后地涌向出口。一旦发生踩踏事件，极易导致群死群伤。

2. 发烟量大，排烟排热差

地下隧道发生火灾时，由于新鲜空气供给不佳，气体交换不充分，产生不完全燃烧反应，导致有毒烟气体的大量产生，不仅降低了隧道内的可见度，同时加大了疏散人群窒息的可能性。

3. 火情探测和扑救困难

地铁发生火灾时，无法直观火场，需要详细询问和研究地下工程图，才能制定灭火方案。出入口有限，以及通讯联络困难，为消防扑救工作增加了障碍。

4. 含氧量急剧下降

地铁火灾发生时，由于地铁隧道的相对封闭性，新鲜空气难以及时补充，含氧量急剧下降。当空气中含氧量低于15%时，人体肌肉活动能力下降；含氧量在10% ~ 14%之间时，人体四肢无力，判断能力变差，容易迷失方向；含氧量在6% ~ 10%之间时，人就会昏迷，失去逃生能力。

5. 通信指挥困难

良好的消防通信是灭火救援行动取得成效的重要条件。一般消防无线通信设备在地铁站内无法正常使用。发生火灾时，几乎所有电源被切断，地上地下联络十分困难，严重影响地面指挥人员的指挥和地下人员的灭火救援行动。

二、城市轨道交通火灾预防措施

1. 积极选用阻燃性材料

地铁车体材料多为铝合金或不锈钢材料，它们本身不会燃烧。车体材料以外的其他材料是影响整车防火性能的关键，需要在车辆设计中着重考虑。这些材料包括：

（1）玻璃钢装饰件，如座椅、墙板等。

（2）橡胶件、PVC材料及其他有机材料，如地板、电缆槽。

（3）电线、电缆、保温材料。

（4）电气系统设备，如牵引系统、辅助系统、控制柜。

这些材料达到了一定的防火性能等级，才能使整车达到相应的火灾防护等级。地铁车站建筑装修材料和列车车厢内装饰材料的不燃、难燃化，是预防火灾发生和阻止火势蔓延的有效措施。因此，站台、站厅以及安全通道的吊顶、墙面和地面均应采用不燃材料装修。

2. 强化消防设施设置

地铁发生火灾时，在一定程度上要依靠其自身的建筑消防设施控制并扑灭火灾。因此在地铁全线各处设置火灾自动报警系统可以及时发现火灾，并利用自动报警装置联动相应的灭火设施和排烟设备控制火势蔓延和烟气扩散，进行灭火。

列车上要设置足够的消防设施，包括灭火器、细水雾喷淋系统、火灾探测器等整套车载自动火灾探测消防系统。在区间隧道的顶端可以安装移动式灭火系统，一旦列车着火，可自行移至着火点灭火。

3. 设置防火防烟分区及防火隔断装置

在地铁隧道里设置相应的防火分区及防烟分区，可以把火灾控制在一定范围内。防火隔烟设施有防火卷帘、地铁隔断门及箱型水幕系统等。

4. 提高员工和乘客消防意识

对地铁工作人员进行消防安全知识培训，使其具备一定的消防知识，懂得火灾的预防、扑救和逃生方法，把火灾遏制在萌芽状态。同时，制定切合实际的火灾事故应急预案并定期进行演练，提高人员疏散及控制初期火灾的能力。

5. 加强车站消防巡查

在日常管理中，要加大对乘客吸烟及携带危险品等行为的查处力度，定期对地铁系统设备和人员进行消防专项检查，及时整改问题，消除安全隐患。

6. 制定科学的应急预案

地铁运营管理单位及消防救援人员应制定完善的应急预案并进行演练，使每个岗位的人员都明确事故情况下自己的职责和行动的步骤，培养紧急应变能力，提高事故初期灭火抢险和疏散乘客的效能。

7. 健全地铁消防安全管理制度

地铁管理部门要明确各级领导及各岗位员工的消防安全职责，建立健全消防安全管理制度，制定适用于不同火灾的灭火和应急疏散预案，加强对员工的消防培训和预案演练，确保消防安全责任、防火制度和措施真正落实到每位员工。

知识窗

地铁火灾中的正确逃生

1. 乘客首先要及时报警，可以用手机拨打119，也可按列车车厢内的紧急报警按钮。然后取出车厢内的灭火器进行灭火，尽量将火扑灭在萌芽状态。

2. 如果火势蔓延迅速，乘客无法灭火自救，应选择有序逃生。应将老、弱、妇、幼先行疏散至安全的车厢，关闭车厢门，防止火势蔓延。

3. 列车到站时，要听从车站工作人员的统一指挥，沿正确逃生方向疏散。在疏散过程中要注意脚下异物。

4. 如果火灾引起停电，可按照应急灯的指示朝背离火源的方向有序逃生。

5. 司机应尽快打开车门疏散人员。若车门无法开启，乘客可拉下车门紧急解锁手柄，向两侧用力推开车门。同时，将携带的衣物、毛巾沾湿，捂住口鼻，身体贴近地面，有序地向外疏散。一旦身上着火，千万不要奔逃，可就地打滚或请其他人用厚重的衣物压灭火苗。

第三节　城市轨道交通消防安全管理制度

由于城市轨道交通系统组成复杂，如果没有做好相关控制工作，非常容易出现火灾。因此，城市轨道交通运营企业应高度重视消防安全的管理。

一、岗位职责

城市轨道交通运营企业为消防安全重点管理单位，应建立消防安全责任体系，明确各级岗位消防安全职责，同时建立与当地消防机构联系制度，以便及时反映消防安全管理工作情况。

1. 消防安全责任人

城市轨道交通运营企业的法人代表或主要责任人是企业的消防安全责任人，对本企业的消防工作全面负责，并应履行下列责任：

（1）贯彻执行消防法规，保证本单位消防安全符合规定，掌握本单位消防安全总体情况。

（2）为消防安全提供必要的经费和组织保障。

（3）确定各级消防安全责任，批准实施消防安全制度和保障消防安全的操作规程。

（4）组织防火检查，督促落实火灾隐患整改，及时处理涉及消防安全的重大问题。

（5）组织制定符合本单位实际的灭火和应急疏散预案并实施演练。

（6）建立健全各级消防安全档案，加强消防安全重点单位、重点部位管理。

（7）根据消防法规要求和单位生产实际，建立志愿消防队。

2. 消防安全管理人

分管消防工作的副总经理是公司消防安全管理人，负责组织实施公司的消防安全管理工作，实施和组织下列消防安全管理工作：

（1）拟订年度消防工作计划，组织实施日常消防安全管理工作。

（2）组织制定消防安全制度，保障消防安全操作规程落实，并经常检查督促。

（3）拟订消防安全工作的资金投入和组织方案。

（4）组织实施防火检查和火灾隐患整改工作。

（5）组织实施对本单位消防设施、灭火器材和消防安全标志的维护保养，确保疏散通道和安全出口畅通。

（6）组织管理志愿消防队。

（7）在员工中组织开展消防知识和技能的宣传和培训，组织灭火和应急疏散预案的实施和演练。

3. 消防主管部门的主要职责

（1）负责宣传、贯彻落实有关消防法规、规章制度。

（2）指导、监督各中心（部门）拟订消防工作计划，修订消防安全规章制度。

（3）收集整理消防安全管理信息，为消防安全决策提供可靠资料。

（4）组织总部级消防安全检查，纠正违规操作，督促、跟进火灾隐患整改。

（5）指导各中心（部门）做好消防器材的配置、维修、保养、报废的管理工作，确保消防器材完整有效。

（6）对总部内消防委外工程项目进行监督检查。

（7）指导各中心（部门）专（兼）职消防安全管理员、志愿消防队开展消防训练。

（8）指导、监督各中心（部门）消防安全培训和消防安全演练。

（9）组织、参加消防安全事故的调查处理工作。

（10）与上级部门、消防部门协调总部消防安全问题。

4. 中心站长及分管安全的副站长、站长助理的消防安全职责

（1）认真贯彻执行有关消防法规和各项消防制度，做好消防档案管理。

（2）定期召开车站的消防安全会议，研究、布置、检查车站的消防安全工作。

（3）熟悉管辖建筑基本结构，消防设施、器材配置情况，主要消防安全风险及现场管理现状。

（4）落实各岗位消防安全责任，对车站员工开展消防安全教育、消防训练和灭火演练。

（5）提高员工自防自救能力。

（6）做好消防器材保养管理，确保灭火器材完好有效。

（7）发现安全隐患，及时整改。如不能解决，及时上报。

（8）发生火情，及时上报，并积极协助扑救，疏散乘客，确保安全。

（9）协助消防安全事故调查。

5. 班组长的消防安全职责

（1）认真贯彻执行各级消防安全管理制度。

（2）负责班组的消防安全管理工作，定期进行宣传、检查，落实隐患整改。

（3）对班组解决不了的问题，及时向上一级负责人汇报。

（4）管理本班组消防器材。

（5）协助消防安全事故调查。

6. 微型消防站消防员、志愿消防队员的主要职责

（1）认真学习和贯彻执行消防法规和各项规章制度。

（2）定期进行消防业务训练和灭火演练，熟悉掌握灭火知识和装备的使用方法。

（3）开展防火宣传，制止和劝阻违反消防安全规章制度的行为。

（4）开展消防安全检查，积极整改火灾隐患。

（5）发生火灾时，及时报警，并组织扑救和人员疏散。

（6）协助消防安全事故调查。

7. 消防控制室值班人员的消防安全职责

（1）遵守消防控制室的各项规章制度，履行日常值班、设备监控、责任区巡视、设备故障及应急信息通报、应急情况先期处置等工作。

（2）了解管辖建筑布局、消防重点部位、防火防烟分区、消防各系统设备的设置情况。

（3）熟悉和掌握消防应急系统的工作原理和操作规程，熟悉各种按键的功能，熟练操作各种消防器材。

（4）除紧急时刻不可离开值班室的行车值班员、环调外，其他消防控制室值班人员须熟悉建筑水泵接合器、消防蝶阀、消防水泵、机械排烟风机等关键设备的具体位置和功能，会在紧急时刻使用设备应急操作。

（5）对管理责任区的消防设施进行每日防火巡查，对消防控制室监控设备状态每 2 h 巡查一次，并认真填写消防控制室值班记录、消防设施每日巡检记录、每日防火综治巡查记录。

（6）掌握消防设施的运行、误报警、故障等有关情况，及时发现和跟进设备故障，填写建筑消防设施故障处理记录，每月与消防设施维修保养部门一起对各种消防设施进行检查，填写月防火检查记录。

（7）熟练掌握消防控制室管理及应急程序，火灾发生时能够按照程序开展灭火救援工作。

（8）消防安全重点单位消防控制室值班人员每日登录社会单位消防安全户籍化管理系统，填写本日消防控制室值班情况、每日防火巡查情况。每月消防设备设施维护保养情况、每月消防安全检查情况、消防安全管理情况自我评估等信息须在次月 5 日前完成录入。

（9）车辆段集中监控点消防控制室值班人员履行车辆段消防值班监控、巡查、微型消防站管理、消防档案管理、消防户籍化管理职责，对车辆段公共区域每日进行一次防火巡查，对各区域消防安全进行监督，值班人员直接向车辆段消防安全管理人负责。

8. 员工的消防安全职责

（1）认真学习和贯彻执行消防法规和消防安全管理制度。

（2）参加消防安全培训和消防演练。

（3）熟练掌握消防应知应会知识和消防安全操作规程。

（4）落实消防安全检查制度。

（5）发现火灾及时报警和扑救，保护现场并协助火灾调查。

二、城市轨道交通消防巡查制度

企业应划分消防安全责任区域。消防安全责任区域按照“谁主管，谁负责；谁使用，谁负责”的原则划分。

1. 消防巡查制度

（1）车站、商业街的公共区域，在运营时间至少 2 h 巡查一次，非运营时间至少 3 h 巡查一次，并填写每日防火巡查记录表。

（2）车辆段、独立 OCC 大楼消防控制室值班人员应对管理辖区公共区域进行每日巡查，楼内各单位对使用区域每日防火巡查，填写地铁车辆段和 OCC 每日防火巡查记录表。

（3）消防设备设施专业维护部门对消防设备设施每日巡查，填写消防设施每日巡查记录表以及地铁车辆段和 OCC 消防设施每日巡查记录表，由各单位消防控制室值班人员签字确认。

（4）各消防控制室值班人员每月组织属地各部门进行一次消防安全联合检查，并填写月防火检查记录表，由消防控制室值班人员及属地消防安全管理人签字确认。

（5）消防控制室值班人员值班期间，每隔 2 h 在火灾报警系统、气体灭火系统盘上检查一次消防系统设备状态，并填写消防控制室值班记录表。

（6）消防控制室交接班须检查火灾报警系统上各消防系统设备状态、气体灭火系统总控制盘状态、联动控制盘和 IBP 盘功能状态。有手动自检功能的线路须进行自检，并交接值班期间重点事项。

（7）消防控制室值班记录表、每日防火巡查记录表、地铁车辆段和 OCC 每日防火巡查记录表、消防设施每日巡查记录表保存时间不少于 1 年，其他消防控制室值班记录文件保存时间不少于 3 年。

2. 消防巡查内容

消防巡查的内容见表 5-1、表 5-2、表 5-3、表 5-4。

表 5–1 **每日防火检查表**

巡查日期： 年 月 日 安全管理人签名：

巡查项目	巡查内容	巡查情况	处理情况	巡查人员签名
消防供配电设施	消防电源工作状态	□正常 □异常 □无此设备		
火灾自动报警系统	火灾报警探测器外观	□正常 □异常 □无此设备		
	区域显示器运行状况、火灾报警控制器运行状况	□正常 □异常 □无此设备		
	手动报警按钮外观	□正常 □异常 □无此设备		
	火灾警报装置外观	□正常 □异常 □无此设备		
消防供水设施	市政管网供水状态	□正常 □异常 □无此设备		
	消防水池外观	□正常 □异常 □无此设备		
	消防水箱外观	□正常 □异常 □无此设备		
	消防水泵工作状态	□正常 □异常 □无此设备		
	稳压泵、增压泵、气压水罐工作状态	□正常 □异常 □无此设备		
	水泵接合器外观	□正常 □异常 □无此设备		
	管网控制阀门启闭状态	□正常 □异常 □无此设备		
	泵房工作环境	□正常 □异常 □无此设备		
消火栓灭火系统	室内消火栓外观	□正常 □异常 □无此设备		
	室外消火栓外观	□正常 □异常 □无此设备		
	启泵按钮外观	□正常 □异常 □无此设备		
自动喷水灭火系统	喷头外观	□正常 □异常 □无此设备		
	报警阀组外观	□正常 □异常 □无此设备		
	末端试水装置压力值	□正常 □异常 □无此设备		
气体（细水雾）灭火系统	喷嘴外观	□正常 □异常 □无此设备		
	自动灭火控制器工作状态	□正常 □异常 □无此设备		
	储瓶间环境	□正常 □异常 □无此设备		
	气体瓶组或储罐外观	□正常 □异常 □无此设备		
	选择阀、驱动装置等组件外观	□正常 □异常 □无此设备		
	防护区状况	□正常 □异常 □无此设备		

续表

巡查项目	巡查内容	巡查情况	处理情况	巡查人员签名
防烟排烟系统	送风阀外观	□正常 □异常 □无此设备		
	送风机工作状态	□正常 □异常 □无此设备		
	排烟阀外观	□正常 □异常 □无此设备		
	电动排烟窗外观	□正常 □异常 □无此设备		
	自然排烟窗外观	□正常 □异常 □无此设备		
	排烟机工作状态	□正常 □异常 □无此设备		
	送风、排烟机房环境	□正常 □异常 □无此设备		
应急照明和疏散指示标志	应急灯外观	□正常 □异常 □无此设备		
	应急灯工作状态	□正常 □异常 □无此设备		
	疏散指示标志外观	□正常 □异常 □无此设备		
	疏散指示标志工作状态	□正常 □异常 □无此设备		
应急广播系统	扬声器外观	□正常 □异常 □无此设备		
	扩音机工作状态	□正常 □异常 □无此设备		
消防专用电话	分机电话外观	□正常 □异常 □无此设备		
	插孔电话外观	□正常 □异常 □无此设备		
防火分隔设施	防火门外观	□正常 □异常 □无此设备		
	防火门启闭状况	□正常 □异常 □无此设备		
	防火卷帘外观	□正常 □异常 □无此设备		
	防火卷帘工作状态	□正常 □异常 □无此设备		
消防电梯	紧急按钮外观	□正常 □异常 □无此设备		
	轿厢内电话外观	□正常 □异常 □无此设备		
	消防电梯工作状态	□正常 □异常 □无此设备		
灭火器	灭火器外观	□正常 □异常 □无此设备		
	位置状况	□正常 □异常 □无此设备		

表 5-2　　消防设施巡查记录表

<table>
<tr><td>部门</td><td></td><td>具体地点</td><td>日期</td><td colspan="2">年　月　日</td></tr>
<tr><td rowspan="17">消防安全管理及设施</td><td>检查项目</td><td>检查内容及标准</td><td>符合标准</td><td>无此设备</td><td>备注</td></tr>
<tr><td>消防安全制度</td><td>挂置位置适当，不歪斜，无脱落</td><td>□</td><td>□</td><td></td></tr>
<tr><td rowspan="3">气体灭火系统</td><td>控制盘箱体外观完好，面板显示正常运行，无报警信息</td><td>□</td><td>□</td><td></td></tr>
<tr><td>操作标识、手 / 自动开关、紧急启动按钮及紧急止喷按钮在位且完整</td><td>□</td><td>□</td><td></td></tr>
<tr><td>探测器、警铃、蜂鸣器、灭火指示牌在位且完整</td><td>□</td><td>□</td><td></td></tr>
<tr><td>火灾报警系统</td><td>控制盘、联动盘（箱）和图形命令中心在位且完整，显示系统正常运行，无报警信息，设备卫生状况良好</td><td>□</td><td>□</td><td></td></tr>
<tr><td>环境与设备监控系统</td><td>工作站及计算机外围设备在位且完整，显示系统正常运行，无报警信息，设备卫生状况良好</td><td>□</td><td>□</td><td></td></tr>
<tr><td>灭火器</td><td>气压或重量正常，放置或挂置良好，数量无缺</td><td>□</td><td>□</td><td></td></tr>
<tr><td>空气呼吸器</td><td>气压正常，放置良好</td><td>□</td><td>□</td><td></td></tr>
<tr><td>防烟（毒）面具</td><td>放置或挂置良好，密封完整，数量无缺</td><td>□</td><td>□</td><td></td></tr>
<tr><td rowspan="2">消火栓</td><td>封条完好，数量无缺</td><td>□</td><td>□</td><td></td></tr>
<tr><td>封条损坏，开箱检查箱门开启无异常，无漏水，水带无破损，水枪配套齐全，阀门不锈蚀，箱体内外不锈蚀</td><td>□</td><td>□</td><td></td></tr>
<tr><td>室内消防管固定卡</td><td>安装牢固，不脱漆锈蚀</td><td>□</td><td>□</td><td></td></tr>
<tr><td>自动喷淋系统</td><td>管道和喷头安装牢固，未被遮挡</td><td>□</td><td>□</td><td></td></tr>
<tr><td>电源路线护管及开关</td><td>安装牢固，配线整齐，线头不松动，无乱拉线和违规用电</td><td>□</td><td>□</td><td></td></tr>
<tr><td rowspan="3">建筑防火</td><td>防火门</td><td>数量无缺，门体、门框无异常，闭门器无损坏，门锁完好，关闭严密</td><td>□</td><td>□</td><td></td></tr>
<tr><td>防火卷帘</td><td>数量无缺，无障碍物影响使用，无变形，无损坏</td><td>□</td><td>□</td><td></td></tr>
<tr><td>疏散指示系统</td><td>数量无缺，无指示错误，无损坏</td><td>□</td><td>□</td><td></td></tr>
<tr><td>签名</td><td>巡查人签名</td><td></td><td colspan="2">各级检查人签名</td><td></td></tr>
</table>

表 5–3 消防控制室值班记录

日期： 年 月 日

<table>
<tr><td rowspan="9">火灾报警控制器日运行情况记录</td><td rowspan="3">时间
（ 时至 时）</td><td colspan="2" rowspan="2">火灾报警控制器运行情况</td><td colspan="4" rowspan="2">报警性质</td><td colspan="3">消防联动控制器运行情况</td><td rowspan="3">报警故障部位、原因及处理情况</td><td rowspan="3">值班人员签名</td></tr>
<tr><td colspan="2">正常</td><td rowspan="2">故障</td></tr>
<tr><td>正常</td><td>故障</td><td>火警</td><td>误报</td><td>故障报警</td><td>漏报</td><td>自动</td><td>手动</td></tr>
<tr><td></td><td></td><td></td><td></td><td></td><td></td><td></td><td></td><td></td><td></td><td></td><td></td></tr>
<tr><td></td><td></td><td></td><td></td><td></td><td></td><td></td><td></td><td></td><td></td><td></td><td></td></tr>
<tr><td></td><td></td><td></td><td></td><td></td><td></td><td></td><td></td><td></td><td></td><td></td><td></td></tr>
<tr><td></td><td></td><td></td><td></td><td></td><td></td><td></td><td></td><td></td><td></td><td></td><td></td></tr>
<tr><td></td><td></td><td></td><td></td><td></td><td></td><td></td><td></td><td></td><td></td><td></td><td></td></tr>
<tr><td></td><td></td><td></td><td></td><td></td><td></td><td></td><td></td><td></td><td></td><td></td><td></td></tr>
<tr><td rowspan="4">火灾报警控制器日检查情况记录</td><td>火灾报警控制器型号</td><td colspan="2">自检</td><td colspan="2">消音</td><td colspan="2">复位</td><td>主电源</td><td>备用电源</td><td colspan="2">故障及处理情况</td><td>检查人签名</td></tr>
<tr><td></td><td colspan="2"></td><td colspan="2"></td><td colspan="2"></td><td></td><td></td><td colspan="2"></td><td></td></tr>
<tr><td></td><td colspan="2"></td><td colspan="2"></td><td colspan="2"></td><td></td><td></td><td colspan="2"></td><td></td></tr>
<tr><td></td><td colspan="2"></td><td colspan="2"></td><td colspan="2"></td><td></td><td></td><td colspan="2"></td><td></td></tr>
<tr><td>备注</td><td colspan="12">（填写内部检查、上级检查、学习练习等情况）</td></tr>
</table>

昨日带班领导（签字）：＿＿＿＿＿＿ 交班意见：

今日带班领导（签字）：＿＿＿＿＿＿ 接班意见：

注：对发现的问题应及时处理，当场不能处置的要填报车站设备设施故障登记本。

表 5-4　　　　　　　　　　　防火检查记录表

检查日期：　　　　年　　月　　日　　　　　　记录人员签名：

检查内容	检查及当场处理情况	各专业检查负责人
消防车通道、消防水源情况		
安全疏散通道、楼梯，安全出口及疏散指示标志、应急照明		
消防安全标志的设置情况		
灭火器材配置及完好情况		
建筑消防设施运行情况		
消防控制室值班情况、消防控制设备运行情况及相关记录		
用火、用电有无违章情况		
消防安全重点部位的管理情况		
防火巡查落实情况及记录		
火灾隐患的整改以及防范措施的落实情况		
易燃易爆危险品场所防火、防爆和防雷措施的落实情况		
楼板、防火墙和竖井孔洞等重点防火分隔部位的封堵情况		
消防安全重点部位人员及其他员工消防知识的掌握情况		
属地单位消防安全管理人签字确认：		
属地单位消防安全负责人签字确认：		

三、城市轨道交通消防宣传

城市轨道交通安全管理部门要经常开展消防安全宣传教育，提高全员防火意识、熟练掌握检查和消除火灾隐患能力、扑救初起火灾能力、组织疏散逃生能力、消防宣传教育能力。

1. 初起火灾扑救原则

（1）按照“救人第一，救人与救灾同步进行”的原则，积极开展防灾自救工作，同时做好乘客疏散、救护工作。

（2）坚持快速反应的原则，做到反应快、报告快、处置快。

（3）工作人员要做好个人防护，防中毒、防窒息。

（4）及早判明火灾类型，实施对应灭火措施，力争在火灾初起阶段扑灭火灾。

（5）列车在区间隧道运行过程中发生火灾时，列车应驶向前方车站进行疏散。

（6）火灾事件发生后，应立即报警并注意保护现场，协助事后调查。

2. 安全疏散与逃生

列车在区间隧道内发生火灾时，应尽量驶入前方车站，利用前方车站来疏散乘客。如果列车不能驶入前方车站，不得不停在区间隧道，必须紧急疏散乘客。

（1）列车头部着火时，列车司机应组织乘客迅速从车尾下车，步行至后方的车站。OCC应开启隧道通风系统紧急模式，向列车前进方向送风，使烟雾远离乘客，如图 5–17 所示。

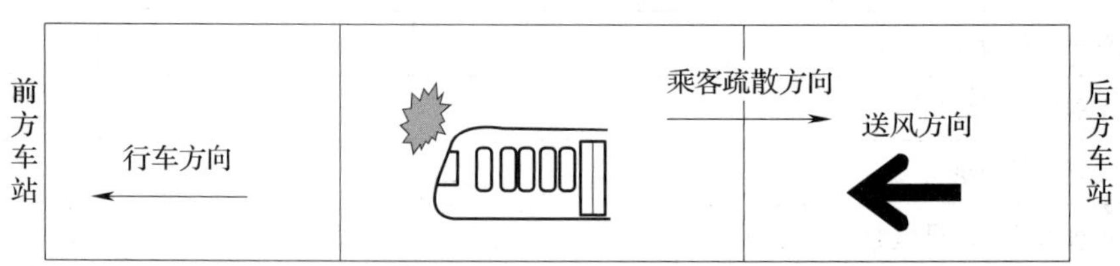

图 5–17 列车头部着火

（2）列车尾部着火时，列车司机应组织乘客从车头迅速下车，步行至前方车站。OCC应开启隧道通风系统紧急模式，向列车后方送风，如图 5–18 所示。

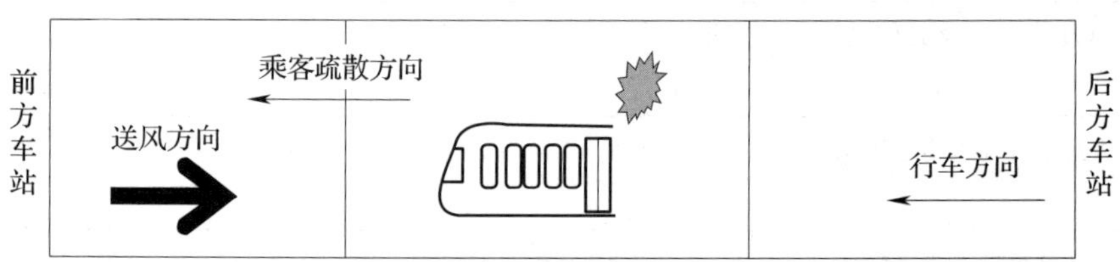

图 5–18 列车尾部着火

（3）列车中部着火且停在近前方车站时，列车司机应组织乘客向两端疏散。OCC 应开启隧道通风系统紧急模式，向列车前进方向送风，使烟雾远离尾部乘客。列车头部乘客距离前方站较近，受到烟雾影响较小，如图 5–19 所示。

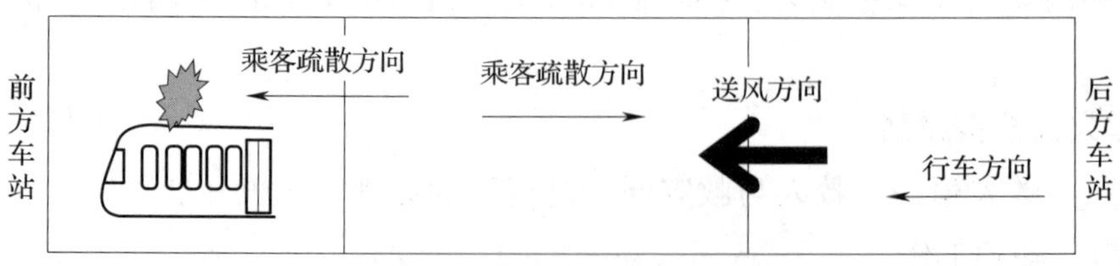

图 5–19 列车中部着火且停在近前方车站

（4）列车中部着火且停在近后方车站时，列车司机应组织乘客向两端疏散。OCC 应开启隧道通风系统紧急模式，向列车后方送风，使烟雾远离头部乘客。列车尾部乘客距离后方站较近，受到烟雾影响较小，如图 5–20 所示。

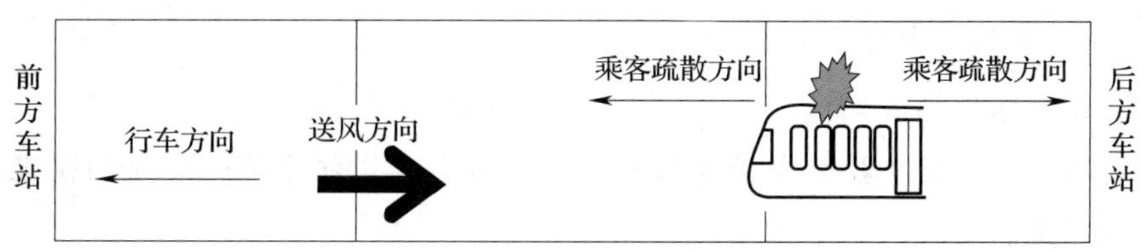

图 5–20　列车中部着火且停在近后方车站

（5）列车中部着火且停在区间中部，列车司机应组织乘客向两端疏散。OCC 应开启隧道通风系统紧急模式，向列车前进方向送风，使烟雾远离尾部乘客，如图 5–21 所示。

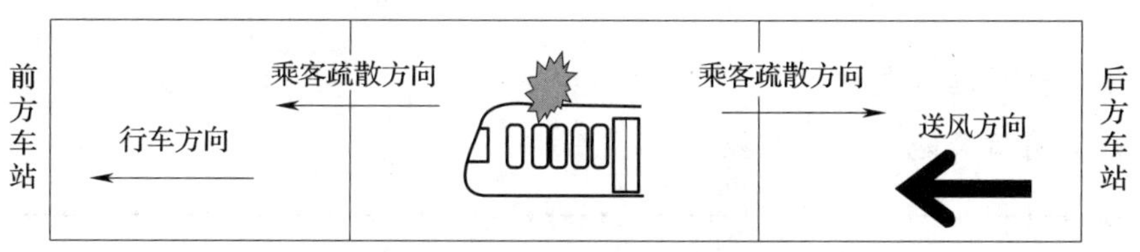

图 5–21　列车中部着火且停在区间中部

此时，本区间的列车运行立即中止，另一条隧道也应立即停止正常的行车。列车火灾处理流程图如图 5–22 所示。

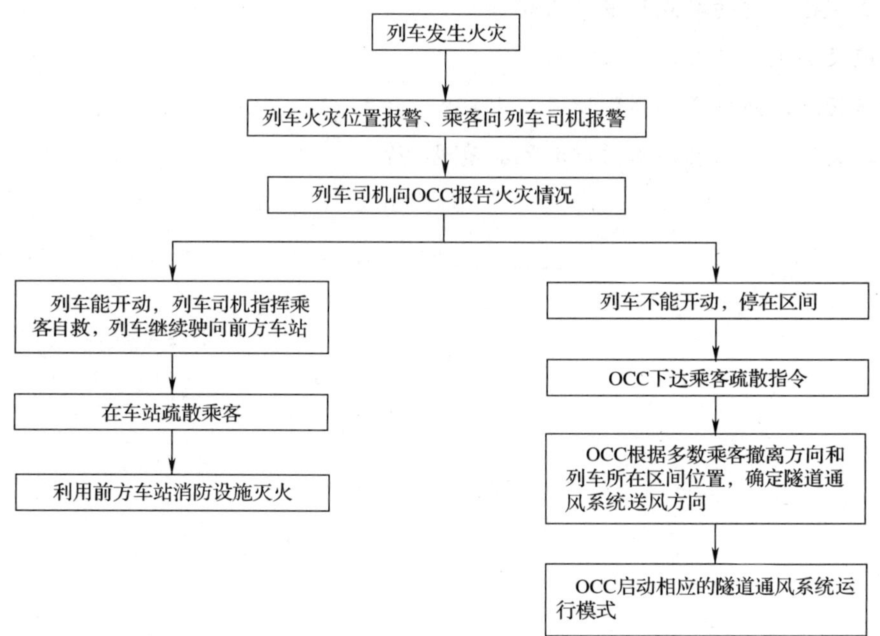

图 5–22　列车火灾处理流程图

知识窗

发生火灾时的自救方法

一、列车在隧道内发生火灾

1. 乘客应保持镇静。

2. 按压车厢内紧急按钮或紧急通话器，通知列车司机车厢内发生的情况。

3. 在可能的情况下，使用车载灭火器灭火。

4. 听从列车广播的指挥，不要乱动车厢内其他设备。

二、列车在车站内发生火灾

1. 乘客应保持镇静，服从工作人员指挥和广播指引，沿疏散标志指示方向逃生。

2. 不要使用垂直电梯。

3. 切莫盲目奔跑，拥挤推搡。

【思考与练习】

1. 防火的基本方法和措施有哪些？
2. 城市轨道交通火灾的特点和危害有哪些？
3. 城市轨道交通火灾救援的方法有哪些？
4. 城市轨道交通消防安全各岗位职责有哪些？
5. 城市轨道交通中常用的消防设施和器材有哪些？

第六章　城市轨道交通电气安全管理

学习目标

◆ 掌握电气事故的特点和类型。

◆ 熟悉触电防护及急救的方法。

◆ 掌握供电系统的电气设备及其作用。

◆ 熟悉电气化线路电气安全的相关规定。

◆ 熟悉高压电气设备巡视和倒闸操作的有关规定。

城市轨道交通的快速运行主要借助于电气系统运行完成。城市轨道交通电气系统主要包括供电系统、接触网供电系统、信号系统、通信系统等。为了保障城市轨道交通的安全，必须加强电气安全管理。

第一节　电气安全基础知识

电气事故是电气安全工程主要研究和管理的对象。掌握电气事故的特点和触电防护，对做好电气安全工作具有重要意义。

一、电气事故的特点

城市轨道交通电气事故的主要特点有：

1. 电气事故危害大

电气事故的发生不仅带来经济损失，还可能造成人员伤亡。据统计，我国触电事故死亡人数占到全部事故死亡人数的 5% 左右。

2. 电气事故危险不易察觉

电引发的危险不易被人察觉，电气事故往往来得猝不及防。

3. 电气事故涉及领域广

电的使用极为广泛，哪里使用电，哪里就有可能发生电气事故，就必须考虑电气事故的防范。此外，电气事故不局限在用电领域，在一些非用电场所，电能释放也会造成灾害。

4. 电气事故的防护研究综合性强

电气事故涉及许多学科。因此，电气事故的研究，不仅要研究电学，还要结合力学、化学、生物学、医学等其他学科综合研究。

二、电气事故的类型

根据电的不同作用形式，电气事故分为触电事故、静电危害事故、雷电灾害事故、射频电磁场危害事故和电气系统故障危害事故等。

1. 触电事故

人体接触或接近带电体而引起受伤或死亡的现象称为触电。按照人体触电的方式，可分为直接接触触电和间接接触触电。

（1）直接接触触电

直接接触触电是指人体直接触及或过分靠近电气设备或线路的带电导体而发生的触电现象。直接接触触电包括单相触电、两相触电。

1）单相触电。当人体的某一部位碰到相线或绝缘性能不好的电气设备外壳时，电流经人体流入大地导致的触电现象称为单相触电，如图 6–1 所示。单相触电是较常见的一种触电事故，占全部触电事故的 70% 以上。

2）两相触电。人体有两处同时接触电源两相造成的触电，称为双相触电，如图 6–2 所示。发生两相触电时，电流由一根导线通过人体流至另一根导线，作用于人体上的电压等于线电压。若线电压为 380 V，则流过人体的电流高达 268 mA（致命电流为 50 mA），这样大的电流只要经过 0.186 s 就可能致触电者死亡。因此，两相触电比单相触电更危险。

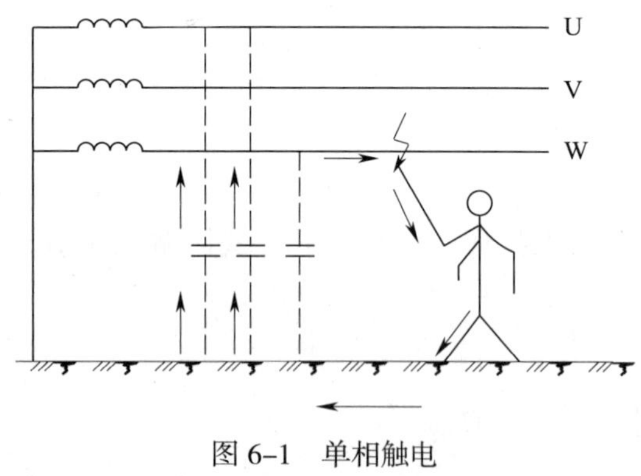

图 6–1　单相触电

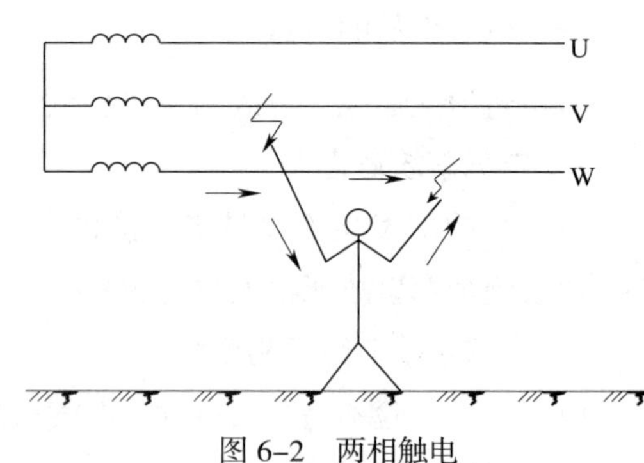

图 6–2　两相触电

（2）间接接触触电

当电气设备绝缘损坏而发生接地短路时，其金属外壳便带有电压，此时人体触及就会发生触电，称为间接接触触电。间接接触触电包括跨步电压触电和接触电压触电。

1）跨步电压触电。跨步电压触电是指人体进入地面带电的区域时，两脚之间承受的电压，如图 6–3 所示。跨步电压的大小受接地电流的大小、鞋和地面特征、两脚之间的跨距、两脚的方位以及离接地点的远近等因素影响。当察觉到跨步电压时，应单脚跳出该区域以防电击加重。

2）接触电压触电。电气设备由于绝缘损坏或其他原因造成接地故障时，如人体两个部位（如手和脚）同时接触设备外壳和地面时，人体的两个部位会处于不同的电位，其电位差即接触电压。由接触电压造成的触电事故称为接触电压触电，如图 6–4 所示。

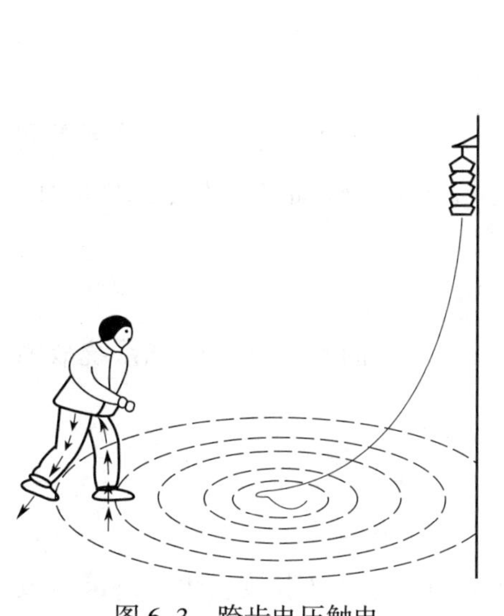

图 6–3　跨步电压触电

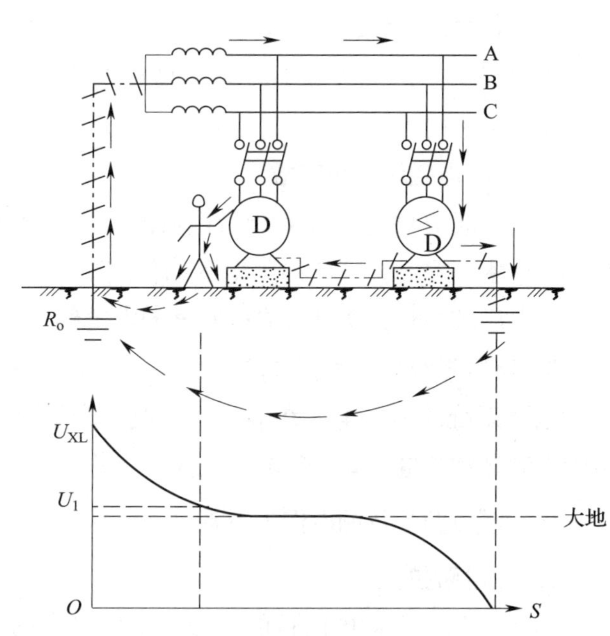

图 6–4　接触电压触电

接触电压的大小取决于人体站立点与接地点的距离，距离越远则接触电压越大。当人体站在接地点，与漏电设备接触时，接触电压为零。

在触电事故中，还有电伤。电伤是指电流的热效应、化学效应、机械效应等对人体所造成的伤害，往往在机体表面留下伤痕，能够形成电伤的电流通常比较大。电伤包括电烧伤、电烙印、皮肤金属化、机械损伤、电光眼等。电烧伤是最为常见的电伤，如图 6–5 所示。

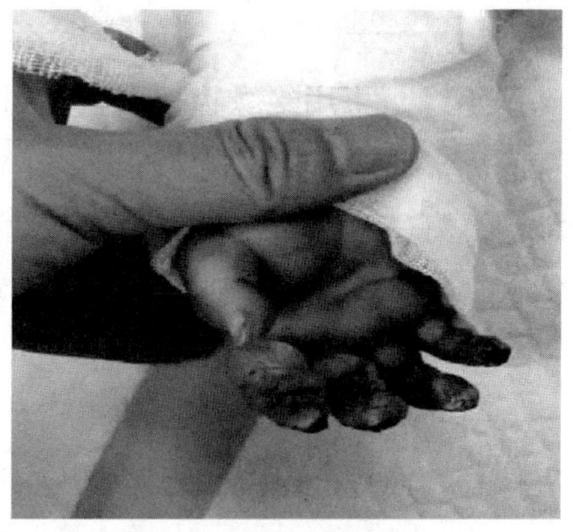

图 6–5　电烧伤

2. 静电危害事故

静电危害事故是由静电电荷或静电场能量引起的。静电危害事故主要有以下几个方面：

（1）在有爆炸和火灾危险的场所，静电放电火花会成为可燃物质的点火源，造成爆炸和火灾事故。

（2）人体受到静电电击，可能引发二次事故，如坠落、跌伤等。此外，对静电电击的恐惧心理还会对工作效率产生不利影响。

（3）在某些生产过程中，静电会导致产品质量下降或电子设备损坏，从而造成生产故障。

3. 雷电灾害事故

雷电是大气的一种放电现象，具有电流大、电压高的特点，可能会引起火灾、爆炸，损坏建筑物和构架物。

4. 射频电磁场危害事故

射频伤害是由电磁场的能量造成的。在磁场的作用下，人体吸收辐射能量会受到不同程度的伤害。在高强度的射频电磁场作用下，可能产生感应放电引爆器件，发生意外爆炸。当感应电压较高时，会对人造成明显的电击感。

5. 电气系统故障危害事故

电气系统故障是电能在输送、分配、转换过程中因失去控制而产生的。电气系统故障可能引起异常带电、异常停电、火灾和爆炸。

三、触电防护及触电伤害急救

1. 触电防护

为了达到安全用电的目的，必须采用可靠的技术措施，防止触电事故发生。绝缘、安全间距、漏电保护、安全电压、遮栏及阻挡物等都是防止直接触电的防护措施。

（1）绝缘

绝缘是指用绝缘物把带电体封闭起来，实现带电体之间、带电体与其他物体之间的电气隔离，使设备能长期、安全、正常地工作，同时防止人体触及带电部分，避免发生触电事故。良好的绝缘是设备和线路正常运行的必要条件，也是防止触电事故的重要措施。胶木、塑料、橡胶、云母及矿物油等都是常用的绝缘材料。

（2）屏护

屏护是指采用遮栏、围栏、护罩、护盖或隔离板等，把带电体同外界隔绝开来，以防人体触及或接近带电体所采取的一种安全技术措施。高压设备不论是否有绝缘，均应采取屏护，如图 6–6 所示。

图 6–6　屏护

使用屏护装置时，应注意以下事项：

1）屏护装置与带电体之间应保持足够的安全距离。

2）被屏护的带电部分应有明显标志，如标明规定的符号或涂上规定的颜色。

3）遮栏、栅栏等屏护装置上应有明显的标志，如“禁止攀登，高压危险！”等标牌，必要时还应上锁。标牌由担负安全责任的人员进行布置或撤除。

（3）间距

为了防止人体触及或接近带电体造成触电事故，必须留有足够的安全间距。安全间距的大小取决于电压高低、设备类型、安装方式等因素。在低压工作中，最小检修距离不应小于 0.1 m。在高压工作中，最小检修距离不应小于 0.7 m。

（4）保护接地与保护接零

保护接地和保护接零是间接触电防护措施中最基本的措施。间接触电防护措施是指防止人体各个部位在正常情况下触及不带电，而在故障情况下才变为带电的电器金属部分的技术措施。

1）保护接地。保护接地是指将电气设备金属外壳，用专门设置的接地装置与大地紧密连接起来，如图 6–7 所示。保护接地的作用是当设备金属外壳意外带电时，将其对地电压限制在安全范围内，减小或消除触电的危险。保护接地常用于低压不接地配电网中的电气设备。

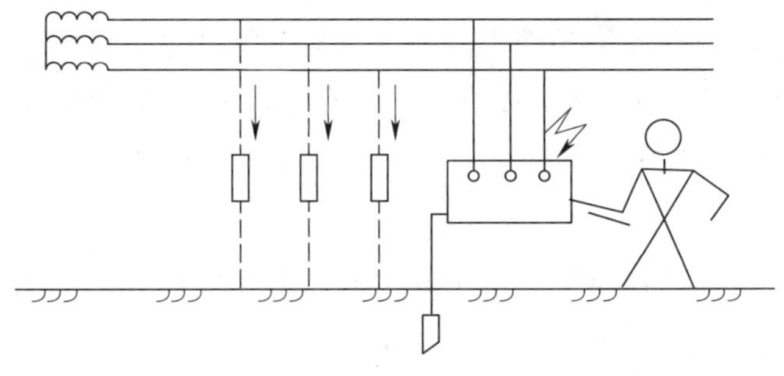

图 6–7　保护接地

2）保护接零。将电气设备的金属外壳与变压器中性点引出的工作零线或保护零线相连接，称为保护接零。当某相带电部分碰触电气设备的金属外壳时，通过设备外壳形成该相线对零线的单相短路回路，由于该短路电流较大，足以保证在最短的时间内熔断熔丝、保护装置或自动开关跳闸，从而切断电流，保障人身安全。保护接零主要用于低压设备。保护接零如图 6–8 所示。

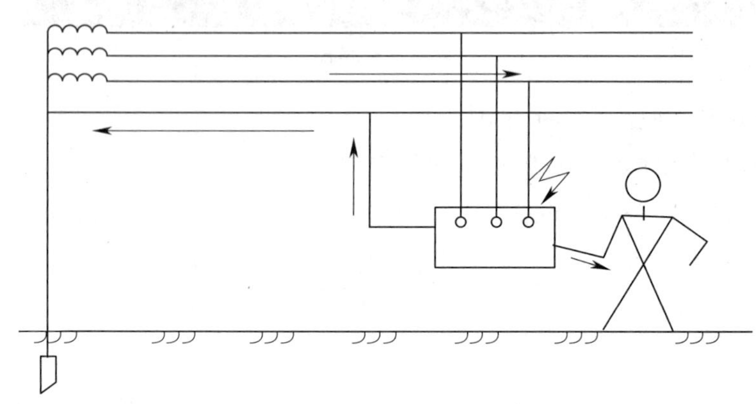

图 6–8　保护接零

（5）漏电保护装置

漏电保护装置是一种在规定条件下，电路中漏（触）电电流值达到或超过其规定值时，能自动断开电路或发出警报的装置。

漏电保护装置动作灵敏，切断电源时间短，除了能保护人身安全以外，还能防止电气设备损坏及预防火灾。

（6）安全电压

把可能加在人体上的电压限制在某一范围之内，使通过人体的电流不超过允许的范围，这种电压称为安全电压，也称为安全特低电压。但应注意，在任何情况下都不能把安全电压理解为绝对没有危险的电压。

我国确定的安全电压标准是 42 V，36 V，24 V，12 V，6 V。在特别危险的环境中，使用的手持电动工具应不高于 42 V 安全电压；在有电击危险的环境中，使用的手持式照明灯和局部照明灯应不高于 36 V 或 24 V 安全电压；在金属容器内、特别潮湿处等特别危险的环境中，手持式照明灯应不高于 12 V 安全电压；在水下等场所工作，应不高于 6 V 安全电压。

当电气设备采用超过 24 V 的安全电压时，必须采取防止直接接触带电体的保护措施。

2. 触电伤害急救

发现有人触电时切不可惊慌失措，应按“迅速、就地、准确、坚持”的原则，根据触电的具体情况进行救治。

触电时，要尽快脱离电源。对于低压触电事故，可采用拉、切、挑、拽、垫等方式使触电者脱离电源；对于高压触电事故，立即通知有关部门停电，戴上手套，穿上绝缘靴，用相应绝缘等级的绝缘工具拉开开关，抛掷裸金属线使线路短路接地，迫使保护装置断开电源。脱离电源后，迅速对触电者现场急救。

（1）畅通呼吸道

如发现触电者口内有食物、假牙、血块等异物，可将其身体及头部同时侧转，迅速用手指从口角处取出异物，操作时要注意防止将异物推到咽喉深处。畅通呼吸道可采用仰头抬颌法，用一只手放在触电者前额，用另一只手的手指将其下颌骨向上抬起，两手协同头部推向后仰，舌根随之抬起，呼吸道即可畅通。严禁用枕头等物品垫在触电者头下，头部抬高前倾，会加重呼吸道阻塞，减少胸外按压时流向脑部的血液。

（2）口对口（鼻）人工呼吸

在完成畅通呼吸道的操作后，用手指捏住触电者鼻翼，用另一只手的食指和中指轻轻托住其下巴。救护者深吸气后，与触电者口对口，在不漏气的情况下，先连续大口吹气两次，每次 1.0 ~ 1.5 s；然后用手指试测触电者颈动脉是否有搏动，如仍无搏动，可判断心跳已停止，在人工呼吸的同时应进行胸外按压。除开始时大口吹气两次外，正常口对口（鼻）呼吸的吹气量不应过大，以免引起胃膨胀。吹气和放松时要注意触电者胸部应有起伏的呼吸动作。吹气时如有较大阻力，可能是头部后仰不够，应及时纠正。触电者如果牙齿紧闭，可口对鼻人工呼吸。口对鼻人工呼吸吹气时，要将触电者嘴唇紧闭，防止漏气。

（3）胸外按压

1）按压位置。确定正确按压位置的步骤为：

①右手的食指和中指沿触电者的右侧肋弓下缘向上，找到肋骨和胸骨接合处的中点。

②两手指并齐，中指放在切迹中点（剑突底部），食指平放在胸骨下部。

③另一只手的掌根紧挨食指上缘，置于胸骨上，即为正确按压位置。

2）按压姿势。正确的按压姿势应符合以下要求：

①使触电者仰面躺在平硬的地方，救护者站立或跪立在触电者的一侧肩旁，救护者的两肩位于触电者胸骨正上方，两臂伸直，肘关节固定不屈，两手掌根相叠，手指翘起，不接触伤员胸膛。

②以髋关节为支点，利用上身的重力，垂直将正常成人胸骨压陷 3 ~ 5 cm（儿童和瘦弱者酌减）。

③按压至要求程度后，立即全部放松。放松时救护者的掌根不离开胸膛。

3）按压频率。

①胸外按压 80 次 /min 左右，每次按压和放松的时间相同。

②胸外按压与口对口（鼻）人工呼吸同时进行。单人抢救时，每按压 15 次后，吹气 2 次，反复进行；双人抢救时，每按压 5 次后，另一人吹气 1 次，反复进行。

第二节　城市轨道交通电气安全知识

城市轨道交通电气设备种类繁多，保障城市轨道交通系统的安全必须重视各类电气系统的安全性。

一、供电系统的主要设施

轨道交通车辆正常运行的前提是具有充足的能量。供电系统是轨道交通中必不可少的系统，也是事故频率较高的电气系统。

1. 牵引变电所

牵引变电所的主要作用是将工业电网中输出的高压电，降低到牵引供电系统所需要的低电压，同时以单相交流方式经馈电线送至接触网。

2. 架空式接触网

接触网是沿轨道线路架设，向车辆供给电能的特殊形式的输电线路，通常包括架空式接触网和接触轨式接触网。

架空式接触网主要由四大部分组成。

（1）接触悬挂

接触悬挂如图 6–9 所示，包括接触线、吊弦、承力索和补偿器等。补偿器如图 6–10 所示。

（2）支持装置

支持装置包括腕臂、水平拉杆和绝缘子等，如图 6–11 所示。

（3）定位装置（定位器）

定位装置包括定位管、定位器，如图 6–12 所示。

（4）支柱与基础

支柱与基础用以承受接触悬挂、支持装置和定位装置的全部负荷，并将接触悬挂固定在规定的位置和高度上，如图 6–13 所示，左侧钢筋混凝土柱为支柱与基础。

图 6-9　接触悬挂

1—接触线　2—承力索　3—吊弦

图 6-10　补偿器

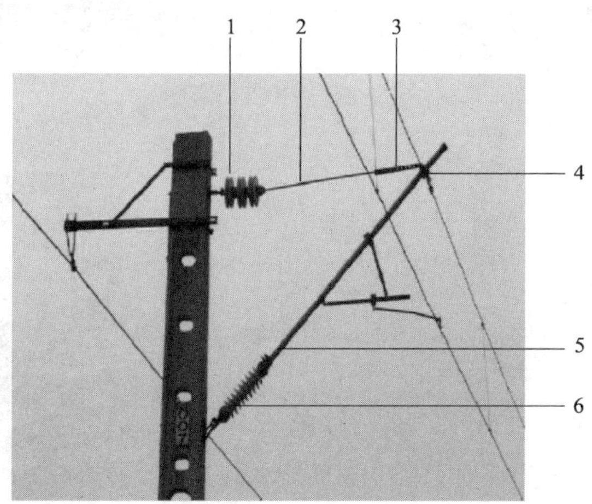

图 6-11　支持装置

1—悬式绝缘子　2—水平拉杆　3—调节板　4—套管绞环　5—腕臂　6—棒式绝缘子

图 6-12　定位装置

1—定位管　2—定位器

图 6-13 支柱与基础

3. 接触轨

接触轨又称第三轨，是将电能传输到电力牵引车辆上的装置。铁轨右侧轨道为接触轨，如图 6-14 所示。

图 6-14 接触轨

4. 隔离开关

为增加供电的灵活性并保证工作人员的安全，接触网应装设隔离开关，如图 6-15 所示。接触网隔离开关应设置在需要进行电分段的地方。

图 6-15 隔离开关

5. 柱信号机

柱信号机是指示列车的灯光信号设备，如图 6-16 所示，方框内设备即为柱信号机。

图 6–16　柱信号机

二、电气化线路及其电气安全要求

1. 电气化线路

电气化线路主要指用于电力机车牵引的线路。电力机车本身不带能源装置，所需动力能源来自外部的牵引供电系统。牵引供电系统主要由牵引变电所、接触网和继电保护装置三大部分构成。

2. 电气化线路主要安全标志

为防止过往人员、车辆发生触电事故，在电气化线路有关设备上应涂写或悬挂醒目标志，提醒过往人员不准靠近，常见的有“禁止攀登”“高压危险”等标志，如图 6–17 所示。

图 6–17　“高压危险”标志

3. 电气化线路电气安全规定

（1）禁止接触接触网的规定

在电气化线路中，接触网的各导线及其相连部件通常带有高压电，因此禁止直接或间接与上述设备接触。

（2）避免与接触网立柱、回流线钢轨连接点接触的规定

当接触网的绝缘不良时，在其支柱、支撑结构及其金属结构上以及在回流线与钢轨的连接点上都可能出现高压电，因此应避免与上述部件接触。当接触网绝缘损坏时，禁止与之接触。

（3）对断线、线头、绳索不准接触的规定

发现接触网断线、部件损坏或挂有线头、绳索等物时，要立即通知有关部门。在检修人员到达前，将该处加以防护，任何人员均应距已断导线接地处 10 m 以外。

（4）行人持高长物件经过接触网的规定

行人手持木杆、木棒、竹竿、彩旗等工具经过接触网时，必须水平通过，不准高举超过安全距离。

（5）汽车过平交道口的规定

汽车过平交道口时，载货装载高度（从地面算起）不得超过 4.5 m，货物上严禁坐人。

（6）接触网停电接地的规定

接触网停电接地时不能接发车辆，驾驶员发现异常，应立即停车并降下受电弓。

（7）接触网未停电接地的规定

接触网未停电接地时，禁止到车顶进行作业，禁止登上车顶平台。

（8）进入接触轨区域作业的规定

接触轨设备停电，在未做好安全措施前仍视为带电设备。所有进入接触轨区域的人员必须穿绝缘鞋，穿反光背心。倒闸操作、验电、挂拆接地线、处理接触轨附近异物时，操作人员必须穿绝缘靴，戴高压绝缘手套。

（9）带电更换低压熔断器的规定

工作人员必须站在绝缘垫上，戴防护眼镜，使用绝缘柄钳或戴绝缘手套进行更换。

（10）疏散乘客的安全规定

在地下区间或没有疏散平台的地面段，采用乘客步行疏散时，应对相应上、下行接触轨停电。在高架段或有疏散平台的地面段，采用乘客步行疏散时，也应对相应上、下行接触轨停电。若采用来车接驳方式疏散乘客，则接触轨不需停电。

三、高压电气设备安全

在城市轨道交通系统中，高压供电系统是保障正常运行的基础设施之一。因此，必须

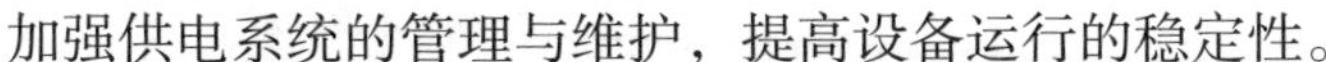

加强供电系统的管理与维护，提高设备运行的稳定性。

1. 高压电气设备概述

高压电气设备主要有电力变压器、高压断路器、750 V 直流开关、高压隔离开关、电气主接线等。

（1）电力变压器

电力变压器是一种能传送和变换交流电能的电气设备，起升高或降低电压，并进行电力的经济输送和分配的作用。供电系统主变电站采用油浸式变压器，如图 6–18 所示。

（2）高压断路器

高压断路器又叫高压开关，如图 6–19 所示，可以用来切断负载电流和短路电流。它可以根据正常供电需要，接通或分断高压电路。在电路发生故障或短路时，在继电保护装置的配合下，它可以切断故障电路，保证非故障部分正常供电。

图 6–18　油浸式变压器

图 6–19　高压断路器

（3）750 V 直流开关

750 V 直流开关又称直流高速开关，其作用是控制直流电网的正常运行，故障时迅速切断故障电路，保证非故障电路正常运行。

（4）高压隔离开关

高压隔离开关，如图 6–20 所示，一般与断路器配合使用。它不能切断负载电流和短路电流，可在无负荷电流时接通和断开电路，也可接通和断开 2 A 以下的电气线路及空载变压器。停电时，应先断开断路器，再拉高压隔离开关；送电时，应先合高压隔离开关，后合断路器。

（5）电气主接线

电气主接线是指由变压器、断路器、隔离开关及其连线组成的电路。在运行中，它能表明电能的输送和分配关系，以及电气设备的运行方式，成为实际运行操作的依据。

图 6–20　高压隔离开关

2. 高压电气设备巡视

（1）不少于 2 人共同巡视。巡视高压设备时，应与带电设备保持规定的安全距离，禁止越过屏护巡视。

（2）高压设备发生接地故障时，人体距离接地点，在室内应大于 4 m，在室外应大于 8 m。进入上述范围的人员，应穿绝缘靴，手接触设备外壳和架构时，应戴绝缘手套。

（3）雷电天气巡视室外高压设备时，应穿绝缘靴，不应接近避雷器、避雷针及其接地装置。

（4）进出高压室时，应随手关门，防止小动物进入。

（5）巡视线路时，不论线路是否停电，均应视为带电，并沿着线路上风侧行走。当寻找接地故障时，应有防止跨步电压的措施。如发现高压线断落地面或悬挂空中，应设法让行人远离断线处 8 m 以外。

3. 倒闸操作

倒闸操作是指将电气设备由一种状态向另一种状态转换所进行的操作。倒闸操作必须执行操作票制和工作监护制。

（1）开始操作前，应先在模拟图板上进行模拟预演，核对无误后，再进行设备操作。操作前应核对设备名称、编号和位置，操作中应认真执行监护复诵制。

（2）操作隔离开关时，严格执行“一人操作、一人监护”制度。

（3）若发生问题，则立即停止操作，并向值班调度员或电气负责人报告。不准擅自更改操作票，不准随意解除闭锁装置。

（4）用绝缘棒拉、合刀闸，以及经传动机构拉、合刀闸和开关时，均应戴绝缘手套。操作室外设备时，还应穿绝缘靴。

（5）装卸高压熔断器，应戴绝缘手套，必要时使用绝缘夹钳或绝缘杆，戴防护眼镜，并站在绝缘垫或绝缘台上。

（6）雨天操作室外高压设备时，使用的绝缘杆应带有防雨罩。发生雷电时，应停止室外倒闸操作。

（7）电力设备停电后，在未得到调度同意并做好安全措施以前，不得触及设备或进入屏护，以防突然来电。

（8）停电拉闸操作必须按照先断路器（开关）、后刀闸，先负荷侧、后电源侧的顺序依次操作。送电合闸操作应按上述相反的顺序进行。严禁带负荷拉、合刀闸。

案例分析

带接电线合闸供电事故

1. 事故概况

某地铁公司一接触网工班在车辆段列检库进行接触网检修作业，完成作业时已超过检修计划时间，作业负责人王某为了尽快送电，在没有消除接触网停电作业命令、没有得到OCC电调许可倒闸命令、没有监护人、没有确认接地线已撤除的情况下，要求李某合上隔离开关，造成接触网对地短路事故。事故造成接触网两处轻微烧伤，钢轨与接地线接触处表面烧伤，两根接地线线夹烧伤。

2. 原因分析

（1）违章指挥

作业负责人王某简化了接触网检修作业程序，严重违反了接触网安全作业规程。在未办理施工检修结束手续、没有撤除接地线、不具备送电条件且没有电调命令的情况下，违章指挥李某合闸送电，造成本事故。

（2）违章操作

李某在没有电调命令的情况下，对作业负责人王某的违章指挥没有拒绝执行或提出异议，违章合闸送电，违反了接触网安全作业规程。

李某合闸送电时没有严格执行操作隔离开关时“一人操作，一人监护”制度，没有落实“自控、互控和他控”措施，其他作业人员对上述违章行为未能及时制止。

3. 防范措施

（1）加强班组作业安全和业务学习，提高员工的安全意识和业务技能。

（2）加强培训，规范作业流程，拒绝违章指挥和强令冒险作业。

（3）作业过程中要严格执行“自控、互控和他控”规定，防止类似事故发生。

【思考与练习】

1. 电气事故的特点和类型有哪些?

2. 触电防护及急救的方法有哪些?

3. 电气化线路电气安全的规定有哪些?

4. 城市轨道交通中的电气设备有哪些?

5. 高压电气设备巡视有哪些规定?

6. 倒闸操作时的注意事项有哪些?

7. 某地铁站台内有乘客不小心跌入轨道,假如你是一名当值的站务员,你应该如何对乘客进行急救?

第七章　设备安全管理

学习目标

◆ 掌握城市轨道交通设备安全管理的概念。

◆ 掌握通用设备的安全管理内容。

◆ 掌握特种设备的安全管理内容。

◆ 掌握设备安全管理的基本技能。

◆ 掌握特种设备的管理技能。

◆ 能够对设备事故案例进行分析。

设备安全管理制度是企业为了保证设备安全运行，保持其技术状况完好并不断改善和提高企业装备素质而编制的规定和章程。

城市轨道交通设备安全管理涉及车辆、通信、信号、站台、隧道和线路，本书重点介绍城市轨道交通行车设备、通用机电设备和特种设备的安全管理内容。

第一节　常用设备安全管理

一、设备安全管理概述

1. 设备安全

设备安全是指设备按照使用说明书规定，在预定的条件下执行其功能不产生损伤或危害的能力。城市轨道交通设备安全提供运营条件的各类设备设施处于安全状态，能够按照预期执行既定的运用功能，保障行车、客运服务、设备设施维护等工作正常进行。

设备安全应符合以下几方面要求：

（1）设备服务对象的安全。

（2）设备操作人员的安全。

（3）设备自身的运行安全。

2. 设备的前期安全管理

设备的前期安全管理主要是指在设备系统设计阶段，必须充分考虑设备在实现系统功能时，是否存在安全漏洞或隐患。在设计阶段应尽可能消除这些安全隐患。

（1）设备设计应符合人机工程学

设备设计应从使用和维修两方面充分考虑人机工程学要求。人机对话界面要友好、简洁，便于操作；尺寸符合人体工程学要求，便于使用、操作、维护。例如，车站自动售票机的使用界面如果设计不合理，就容易误导乘客错误操作，进而引发设备故障。

（2）设备设计应满足作业能力要求

无论什么生产设备都应当具有足够的抗破坏能力、良好的可靠性和对环境的适应性，这是对设备本身提出的基本安全要求。例如，地铁运营工程救援车通常由普通货车改装而来，若对车辆承载的救援设备质量估计不足，选用了轴载荷较小的车辆进行设计改装，则可能造成救援设备装备车辆后，载重已经接近车辆的承载限度，影响车辆行驶的稳定性和安全性。

（3）设备对环境影响不能超标

城市轨道交通设备对环境的影响因素包括废气、废液、烟尘、噪声等有害物质。在设计阶段就应考虑设备的有害影响以及防范对策，避免建成后超出标准。例如，城市轨道交通地面线路、车站站外冷却塔的设置，容易造成居民区噪声超标，如果在设计上无法通过优化线路走向、调整冷却塔位置等方式来满足环保要求，则应考虑加装隔音墙、隔音棚等噪声隔离设施。

（4）设备设计应具备可维修性

可维修性好的产品，能在最短的时间内，以最低限度的资源（人力、备件、维修设备和工具等），通过维修使产品恢复到良好状态。可维修性主要包含以下内容：

1）维修空间满足拆卸、安装、检查的要求。

2）故障原因能够快速查找。

3）故障的零部件能够快速更换。

4）故障的零部件便于采购。

3. 设备购置和安装阶段的安全管理

（1）充分完整地体现设计要求

设备采购招标文件应列明全部技术要求，防止投标人误解标的的设备功能，或没有详细掌握标的的设备技术条件，造成招标设备不满足设计技术要求。复杂系统设备在招标完成后还要进行设计联络，以明确更细致的设计要求。

设备安装调试时，严格按照设计文件以及采购合同要求的安装工艺、安装尺寸进行安装，按照合同约定的功能进行全面调试。安装调试过程中的安全管理，按照施工安全管理要求进行，保证安装调试阶段人员及设备的安全。

（2）设备质量、安全资质方面的要求

有质量认证要求或安全资质要求的设备、重要零部件应确保符合规定。例如，重要电气设备、消防设备、安防设备应具备 3C 质量认证。

4. 运营阶段设备安全管理

通常所说的运营阶段设备安全管理主要包括以下管理内容：

（1）设备使用维护管理

设备使用维护体系是城市轨道交通设备管理的核心内容，也是设备安全管理的基础，其管理范围涵盖了设备使用维护技术规章、人员培训、物资配件供应、设备运行与使用、设备定期检修、设备故障处理、设备故障应急处理、改进评价等内容，任何环节的纰漏都会不同程度地造成设备维护质量下降，形成安全隐患。

设备使用维护基本技术规章有以下六类。

1）设备使用操作安全规程用于规定设备使用操作人员应该遵守的安全操作程序，保证人身安全和设备安全。

2）设备使用操作手册用于说明设备全部功能的使用操作方法。

3）设备运行规定用于规定设备运行方式和参数。

4）设备检修规程用于规定设备检修的要求。

5）故障处理指南用于指导设备操作人员或维修人员处理故障。

6）故障应急处置程序用于指导行车、站务、司乘等相关人员在设备故障无法短时处理修复时采取的应急处理办法。

（2）安全隐患管理

安全隐患是潜在的不安全因素，在一定条件下能够转化为设备故障甚至设备事故。

1）消灭安全隐患。消灭安全隐患首先要发现安全隐患，可通过危险源识别的方法查找。对于查明的危险源要立即消灭。

2）限制安全隐患发展的条件。对于无法消灭的安全隐患，对其发展变化条件进行限制。如重要零部件执行使用寿命管理，就是对“一定寿命”这一条件进行限制，使其没有达到预期寿命即进行更换，避免安全隐患发展成为故障。

3）严格监控安全隐患的发展变化。还可以采取缩短监控检查周期的办法，一旦发现其性能下降或运行品质变差，立即采取干预措施，替换掉有安全隐患的零部件。

（3）安全预案管理

对于可能发生影响行车、客运服务的重要设备故障，应提前编制预案，一旦发生故障，运营单位能够有条不紊地按照预先制定的预案将故障影响降至最低限度。

预案是否合理、人员是否得到充分培训和演练，是预案能否发挥作用的关键。例如，列车故障应急处理存在两种预案：一种是指导驾驶员在故障发生时如何操作，以减小对正常运营的影响，称为现场预案；另一种是故障较为严重，引发行车组织方式改变、客运服务方式改变、救援工作开展等工作的预案，称为专项预案。不论哪种预案，组织预案的实施人员进行专项培训和演练都是十分必要的。

5. 故障（事故）后期安全管理

事后矫正是设备发生故障后或运营中发现安全隐患的管理内容，主要包括以下内容：

（1）故障处理原则

设备发生故障后，根据故障对运营的影响，可分为故障处理和应急处置两部分。对于影响行车、客运服务等的紧急故障，按照“先通后复”原则进行应急处置，根据故障情况启用相应预案，尽快减少设备故障对行车、客运服务的影响，随后开展恢复和维修工作。如车载信号设备故障导致ITC模式不能建立，短时无法恢复时，驾驶员将列车操纵模式从自动驾驶模式转换为人工驾驶模式，不影响列车运行。在继续行车的过程中，尝试重启车载设备，重新建立ITC模式。如果故障仍不能恢复，行车指挥控制中心应组织故障列车运行至终点站下线处理。

对于不影响行车、客运服务的故障，可以安排在当日运营结束后再行处理。

（2）单项故障的分析处理

对于较为严重的设备故障，应开展故障调查和分析，从设备故障发生原因、人员现场应急处置、设备日常使用维护及设备日常管理情况等方面查找原因，根据原因制定相应的整改措施，防止存在的问题重复发生。

（3）故障的日常统计分析

设备故障的数量、频次在很大程度上反映了设备质量的状况，通过统计分析不仅可以发现设备维护质量的优劣，还可以发现设备易发故障。因此，故障的分类统计分析十分重要，可评价和指导维护保养工作，使事后经验转变为提前预防措施，对提升设备质量、延长设备寿命具有重要意义。

（4）故障统计分析结果应用

对故障原因进行统计分析，可发现引起故障原因的分布情况，它因设备的种类不同而有较大的差别。

1）人为操作造成的故障。例如，对于自动售检票系统，人为操作造成的故障占据了较大的比例。针对这种情况，应该对客运操作人员加强专项操作培训，对乘客加以宣传引导，改进优化设备界面，以减少误操作引发的故障。

2）设备安装工艺造成的故障。例如，列车司控器操作手柄安装工艺不良，造成相应功能无法实现。此类问题可采用专项普查、集中整改的办法，迅速反应与处理。

3）设备元器件使用寿命超限造成的故障。例如，屏蔽门的 PSL 操作盘，在 IATP 模式下，需要驾驶员手动操作开关屏蔽门，造成屏蔽门开关动作频繁，往往 3 个月就需要进行更换。如果不进行更换，则屏蔽门故障率居高不下。

4）设计不合理造成的故障。例如，风机运行电压保护限值，在监控系统里的设定保护值低于风机自身保护器设定值，造成风机正常运行期间经常停机。这类故障需要对设备参数进行合理修改。

5）统计估算故障备品备件的储备需求。设备故障的统计数据可用于估算故障备品备件的储备数量。根据采购周期，可以提前编制备品备件的采购计划，避免故障发生时备品备件不足。

二、行车设备安全管理

行车设备是指通信、信号、列车、供电、轨道、屏蔽门、隧道结构等直接与行车相关的设备设施。行车设备发生故障可能会引起列车运行中断，甚至引发严重的行车事故。因此，行车设备的安全管理是设备安全管理的重中之重。

1. 信号设备安全

信号设备是最重要的行车设备之一，其可靠性直接影响到行车安全。

（1）安装调试阶段

信号设备在安装调试阶段，运营单位通常需参加全部测试，并需独立开展全部极端测试，以期发现系统中可能存在的安全隐患。

对于系统存在的安全隐患，厂商应在试运行前进行全面整改，对于无法整改的项目，厂商应提供安全使用操作要求，写入运营规章制度中，避免运营期间出现意外。

运营单位的测试并不能认定信号系统的安全性，通常会要求厂商提供独立第三方安全认证，确认其信号系统的安全性。

根据信号系统制式的不同，安全认证会分阶段进行。试运行前应取得开通使用信号模式的载客安全合格证。

（2）运营阶段

运营阶段的信号设备安全管理的重点以应急处置为主，重点以行调、驾驶员、车站为应急处置执行的主体，编制信号设备故障处理指南以及相关应急预案。

信号设备故障处理主要依靠维修部门对故障部位的准确判断和更换备件。对于信号设备来说，备件的储备、元器件和板件器件的测试能力十分重要。

2. 通信设备安全

通信系统设备由传输、公务专用电话、无线通信、闭路电视、广播、时钟、通信电源等子系统组成。

传输系统是通信系统的信息传输命脉，具备较高的可靠性和自我保护能力，其安全管理重点是保障冗余设备正常，在主机故障情况下能够顺利切换。

公务专用电话系统的设备技术相对成熟，运行稳定性较高。常见故障集中发生在使用较为频繁的电话终端设备，发生故障时应立即进行修复。

无线通信系统是通信系统日常检修维护的重点，需要加强日常检查以及故障分析处理，通过对惯性故障的处理以及日常保障来维护系统运行的稳定。

3. 车辆设备安全

车辆是直接运送乘客的系统设备，集成了车辆、车载信号、车载通信的设备。车辆故障影响行车和乘客服务。影响行车安全的重点部位，一是车下走行部，二是车载信号与通信部分。

城市轨道交通列车速度低、自重轻、载客少，有固定场所每天进行车辆维修，因此行车安全故障集中在车载信号、车门故障等方面。车载信号、通信故障大多数都可以通过驾驶员的应急处置继续行车，但驾驶员转为人工驾驶模式丧失列车自动安全防护功能时，存在着一定的安全风险。

车辆比较集中的故障，说明该系统存在较大的安全风险，需要对该系统进行专项检查、集中整治。由于车辆每天都有停止运营的维修时间，因此，集中整治相比其他正线系统具有较大的优势。

4. 屏蔽门设备安全

屏蔽门是为了保障乘客安全，将站台与轨行区进行分隔的安全设备，如图 7–1 所示。在地下车站为屏蔽门，将站台空间与轨行区空间完全隔开，不仅保障乘客安全，同时起到保护站台区环境卫生和节能的作用；在地面车站通常为安全门，高度为 1.5 ~ 1.8 m，仅将乘客阻隔在轨行区以外，没有将站台空间与轨行区空间完全隔离。

图 7–1　屏蔽门

由于屏蔽门与信号系统存在接口，因此屏蔽门故障往往直接影响到行车运行。当车站屏蔽门向信号系统发出关闭锁紧状态信息时，信号系统允许列车进入本站或在本站启动行车，否则信号系统将向列车发出紧急制动命令，造成列车意外制动或无法启动，影响列车正常运行。

屏蔽门具备防夹功能，当屏蔽门关闭过程中触碰物体，将立即打开重新关闭，以防止将乘客夹在门中。屏蔽门端门尾部外侧有一条黄色警示灯带，用于驾驶员观察是否有乘客滞留在屏蔽门与车门之间的空隙，防止将乘客遗留在屏蔽门与车门之间的窄小缝隙处，造成人员伤亡。

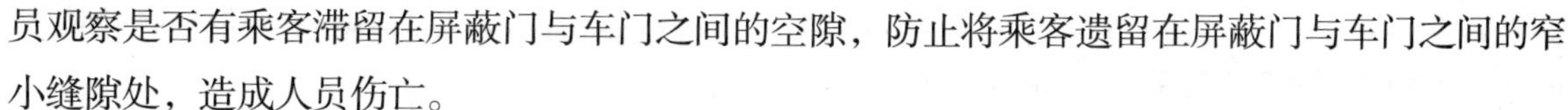

实践指南

屏蔽门典型故障及处置

1. DCU（门控单元）故障

（1）故障现象

1）所在门单元指示灯闪亮。

2）所在门单元滑动门停止运动。

3）PSC（屏蔽门控制系统）面板报警指示灯亮。

4）所在门单元的就地供电单元可能跳闸。

5）门单元不能执行就地控制功能。

（2）处置流程

1）旁路该门单元，打开前盖板，断开就地控制单元的输出断路器，检查就地供电单元变压器输出是否正常，如异常则更换供电单元。

2）断开 DCU 上的所有接头。拆除 DCU 的定位螺母及垫圈，放下 DCU。

3）将新的 DCU 上紧螺母，恢复 DCU 上电缆接头。

4）撤走门机上的工具及材料，合上就地供电单元的输出断路器。

5）在测试模式下试验滑动门打开及关闭，如异常则继续检查。

6）恢复门单元的正常操作。

2. 门状态检测开关故障

（1）故障现象

1）所在门头指示灯闪亮。

2）所在门头滑动门停止运动。

3）PSC 面板报警指示灯亮。

4）门关闭后，不出现“门关闭与锁紧”信号，此时不能发车。

（2）处置流程

1）旁路该门单元，打开前盖板，断开就地供电单元的输出断路器，检查就地供电单元变压器输出是否正常，如异常更换就地供电单元。

2）打开故障门盖板，记录信号线线码及对应接触点号，更换时按记录接回。

3）拆卸下“门关闭与锁紧”开关。

4）安装新“门关闭与锁紧”开关，按记录接好信号线。

5）撤走门机上的工具和材料，合上就地供电单元的输出断路器。

6）恢复门单元的正常操作状态。

5. 供电及接触网设备安全

供电及接触网设备直接关系到列车运行供电，一旦发生影响行车的故障，其影响范围通常较广，影响时间也较长。因此，供电设备及接触网设备的安全管理重点在加强设备维护，保障设备状态稳定，制定应急预案确保设备故障时能够尽快恢复供电和行车。

供电及接触网设备相关作业的安全管理也是这一类专业设备的安全管理重点。由于作业性质的特殊性，作业人员不仅需要具有上岗证，还需要相应的安全等级证、特种作业人员证，电调还需要取得供电部门认可的电力调度证。

现场维修及操作要严格按照作业标准执行，杜绝违章操作造成的安全事故。一般每月需用接触网检测车对接触网进行动态检查，发现故障按照级别集中整治。

6. 轨道设施安全

轨道是列车运行的基础设备，需要关注的安全管理要点主要包括以下内容：

（1）线路季节性胀缩造成的几何尺寸变化将影响列车运行安全，因此，钢轨线路需要在夏季、冬季到来之前进行检查整治，提前进行应力放散，防止热胀冷缩引起的应力集中或几何尺寸变化。

（2）特殊区段需加强线路检查，防止地质灾害造成的线路病患或者特殊道床几何尺寸变化超差。

（3）夜间轨行区作业完毕后对轨道线路进行检查，防止作业物料或工具遗留线路造成行车安全隐患。

（4）钢轨的紧固件需进行日常检查，钢轨焊缝须定期探伤检查。

（5）一般每月用轨道检测车对线路几何尺寸进行动态检查，发现故障按照级别集中整治。

7. 隧道安全

隧道提供了列车运行的空间，其结构稳定性与安全性要求很高，除非发生严重地质灾害或遭受严重意外事件，通常不会突发影响行车的隧道结构故障。但可能存在隧道防水失效、地质活动、地下水文变化等情况，导致隧道渗漏水、变形，从而影响行车安全。

近年来，隧道沉降变形监测逐步成为地铁隧道安全监控的一项重要内容，主要监控隧道横向、垂向的变形以及轮廓尺寸变形，及时掌握地铁隧道变化，在其变形状况恶化前采取措施矫正。

知识窗

设备安全管理的要求

1. 三不动

（1）未联系好登记不动。

（2）对设备性能、状态不了解不动。

（3）对正在使用中的设备未经授权不动。

2. 三懂三会

（1）懂设备结构，会使用。

（2）懂设备性能，会维修。

（3）懂设备原理，会排除一般故障。

3. 三不离

（1）检修完，不彻底试验良好不离。

（2）影响正常使用的设备缺点未修好前不离。

（3）发现设备有异状时，未查清原因不离。

4. 四不放过

（1）事故原因未查清不放过。

（2）当事人没有受到教育不放过。

（3）事故责任人未受到处理不放过。

（4）没有制定切实可行的预防措施不放过。

三、机械电气设备的安全管理要点

1. 机械设备的安全管理重点

（1）机械磨损造成设备配件失效或功能丧失，引发设备故障。

（2）机械设备的运动或静止部件对人身造成的伤害。

机械设备部件对人身造成的伤害类型见表 7–1。

表 7-1 机械设备部件对人身造成的伤害类型

设备状态	机械设备危险	备注
静止状态	切削刀具有刀刃	设备处于静止状态时存在的危险，即当人接触或与静止设备做相对运动时可引起的危险
	机械设备凸出较长的部分，如设备表面上的螺栓、吊钩、手柄等	
	引起滑跌的工作平台，尤其是平台有水或油时更危险	
运动状态	设备运动部位与静止部位的接合处	如设备导轨的限位装置失效将导致设备运动部件脱出导轨
	设备夹紧、紧固部件	如刀具的刀夹、工件的夹具松脱，将造成刀具或工件飞出伤人
	机械加工设备的切屑飞出	
	人员误入设备活动行程范围	
	人员靠近旋转的部件造成衣物、头发或手套被卷入	

2. 线路旁安装机械设备管理要点

安装在线路上可能影响行车安全的设备，主要包括不落轮镟床和列车清洗机。这类设备已经进入线路建筑限界，在非工作状态下没有侵入车辆限界，在工作状态下部分设备侵入车辆限界。因此，这类设备需要特别加强日常限界检查，防止设备活动部位意外侵入限界，或设备部件松脱侵入限界，造成行车事故。

（1）不落轮镟床

不落轮镟床如图 7–2 所示，是一种可以使车辆的轮对在不解体的状态下，对车辆轮对的轮缘和踏面进行修理加工，并适用于对单个带轴箱轮对的修理加工的常用设备。

图 7–2 不落轮镟床

1）列车移位、对位、牵出等环节是安全控制的重点，防止出现人员呼唤应答不到位，造成车辆移动时设备、人身配合失误产生伤害或设备冲撞损坏。

2）操作人员不得披散长发，穿宽松衣服，佩戴饰物，必须佩戴防护眼镜。无关人员不得在工作场所停留，不得有碍操作人员操作。

3）不能超过允许的最大载荷。

4）不得利用不落轮镟床作为镟削轮对以外的其他用途。

5）主驱动电动机的 V 带应正常，所有电缆无破损，所有安全装置作用灵敏。

（2）列车清洗机

列车清洗机如图 7–3 所示。列车自行牵引，通过水、清洗剂及清洗刷的作用，自动清洗列车外表面的灰尘、油污及其他污渍。

图 7–3　列车清洗机

使用列车清洗机洗车，重点是列车通过速度、停车位置、刷头动作的过程安全控制。洗车机在使用过程中，与车辆有密切的配合要求，包括：各旋转件转动正常，各管路无漏水漏气现象，供电系统正常，电源线无损坏、松脱；线路出清，无障碍物，无侵线；只能清洗与设备匹配的车型。

知识窗

洗车作业安全注意事项

1. 洗车作业驾驶员必须注意力集中，严格执行呼唤应答制度，严禁进行洗车作业外的其他活动，确保洗车作业安全。

2. 列车不洗车头和车尾时，信号楼值班员应提前通知。

3. 列车不做洗车作业时，禁止动车。驾驶员应及时联系信号楼值班员，得到信号楼值班员指示，确认洗车设备无侵线后方可动车。

4. 洗车过程中严禁后退或中途停车。

5. 洗车时关闭所有门窗并检查雨刮器。洗车过程中驾驶员严禁打开门窗，将手或头伸出门窗外，严禁下车处理突发情况。

6. 驾驶室未完全越过洗车设备时，严禁使用雨刮器。

3. 电气设备的安全管理要点

电气设备的安全管理要点是用电安全的管理，包括以下两方面内容：

（1）电气设备运行的安全管理，依靠设备日常巡检和定期维护来保证设备状态正常，避免出现设备电气绝缘性能下降造成短路引起的火灾，或电路、元器件老化造成短路引起设备停止工作，尤其是防范安全监控类设备突然停止工作造成的安全隐患。

（2）人员维护电气设备的作业安全管理，严格按照作业标准和安全规定执行，防止出现违章操作引起的危害。例如，维护电气设备作业前应切断电源，检查确认无电后再操作。

知识窗

常见屏蔽门事故

1. 常见事故分析

（1）当列车到站停靠时，屏蔽门和车门几乎同时开启，同时关闭。由于地铁列车停靠时间短，对于行动迟缓的乘客来说，有可能在被卡在安全门与列车之间。

（2）未能及时发现屏蔽门本身的故障（如钢架结构变形，密封材料松脱，固定门变形等），造成人员伤亡。

（3）站台工作人员在已发生故障的屏蔽门处，未及时设置故障提示或提醒乘客，让乘客错过下车时间。

（4）乘客倚靠屏蔽门，当屏蔽门开启时，可能摔倒。

（5）在大客流情况下，乘客不按照“先下后上”的原则上下车，造成车门处拥挤。在车门关闭时，可能会有乘客被夹在屏蔽门与车门间的缝隙里，如未能及时发现，威胁乘客的生命安全。

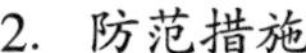

2. 防范措施

（1）加大对屏蔽门系统的检查，使屏蔽门系统能够安全可靠地工作。

（2）发现故障应立即排除或放置警示标志，提醒乘客注意安全。

（3）站台工作人员在列车即将到站时，提醒乘客不要靠近车门，上下车时先下后上。

（4）在屏蔽门和车门之间加装照明设备和警报装置，避免乘客伤亡。

（5）完善安全系统和警示装置，通过安装红外线探测装置避免地铁屏蔽门夹人事故，还可在即将关闭屏蔽门时发出蜂鸣声并进行语音提示。

第二节　特种设备安全管理

一、特种设备的概念及安全管理要点

1. 特种设备的概念

特种设备是指涉及生命安全、危险性较大的锅炉、压力容器、压力管道、电梯、起重机械、客运索道、大型游乐设施及厂（场）内机动车辆八类设备以及这些设备的安全附件。

2. 特种设备的安全管理要点

（1）购置特种设备时，供应商应提供生产单位的特种设备生产许可证等证明文件。

（2）设备安装完成后，应请具有检验资质的单位进行检验。检验合格后，凭检验合格证明以及使用单位证明，到属地质量技术监督局办理特种设备使用登记注册。

（3）取得使用登记注册的特种设备使用到期后，应进行定期检验。

（4）特种设备的操作、维修人员应取得特种设备操作人员证。

（5）特种设备以及所属安全附件的检验，必须由具有检验资质的单位进行检验。经检验的设备及附件，必须在有效期内使用。因此，设备管理部门通常都会提前做好特种设备及附件检验的安排，防止出现设备或安全附件过期的情况。

二、常用特种设备

1. 锅炉

锅炉是指利用各种燃料、电或者其他能源，将所盛装的液体加热到一定的参数，并承

载一定压力的密闭设备。

锅炉安全附件的管理见表 7–2。

表 7–2　　锅炉安全附件的管理

附件	管理事项
安全阀	安全阀每年须由具备相关资质的检验部门进行检验，每月由设备维保或使用部门进行一次手动试验
压力表	压力表应每半年进行一次校验
水位计	锅炉缺水或满水都易引发事故，需锅炉工定时巡视水位计，掌握锅炉水位状况
高低水位报警装置	在锅炉定期维护作业中，应对报警装置进行报警试验

此外，锅炉的水质控制也十分重要。水质不达标容易产生水垢，水垢传热不良会造成锅筒受热不均，这是造成锅筒内部管道裂缝的重要原因。

2. 压力容器

压力容器是指盛装气体或者液体，承载一定压力的密闭设备，如图 7–4 所示。

图 7–4　压力容器

承压锅炉的锅胆实质上就是压力容器，但两者的工作机理不同。因此，锅炉与压力容器的安全附件既有相同的部分，也有不同的部分。承压锅炉安全附件的管理见表 7–3。

表 7–3 承压锅炉安全附件的管理

附件	管理事项
安全阀	安全阀一般每年定期校验一次，日常检查由压力容器操作人员进行手动试验
压力表	压力表一般每年定期校验一次
爆破片	爆破片一般 6 个月或 12 个月更换一次

3. 电梯

电梯是指动力驱动，利用沿刚性导轨运行的箱体或者沿固定线路运行的梯级进行升降或者平行运送人、货物的机电设备，包括载人（货）电梯、自动扶梯、自动人行道等。城市轨道交通常见的自动扶梯如图 7–5 所示。

图 7–5 自动扶梯

自动扶梯的安全保护装置包括限速器、安全钳、缓冲器、门锁、电气联锁和保护装置等。

实践指南

电梯的典型故障及处置

1. 自动扶梯停止运行

（1）原因分析

1）供电系统中断。

2）人为按下急停开关。

3）缺油或油压过低。

4）扶梯安全开关动作。

5）扶梯主板或扩展板损坏。

（2）处置方法

1）检查扶梯供电回路，恢复供电。

2）现场恢复急停开关。

3）添加液压油。

4）检查安全开关动作原因，调整扶梯开关位置。

5）更换已损坏的电路板。

2. 楼梯升降机不能启动

（1）原因分析

1）将钥匙置于错误位置。

2）有人按下急停开关。

3）主开关未打开。

4）设备断电。

5）操作控制器损坏。

（2）处置方法

1）正确操作钥匙。

2）旋转或恢复急停开关。

3）打开主电源开关。

4）合上熔断保险和保护开关。

5）修理或更换操作控制器。

4. 起重机械

起重机械是指用于垂直升降，或者垂直升降并水平移动重物的机电设备。

起重设备安全保护装置的作用见表 7–4。

架车机是一种特殊的起重设备，主要用于列车检修时的整体提升，如图 7–6 所示。在车辆检修时，架车机用于支撑车身重量，使车辆的承重设备（如转向架、轮对等）可以拆卸出来。

表 7–4 起重设备安全保护装置的作用

序号	安全保护装置	作用
1	极限位置限制器	限制吊钩升降范围，限制起重机大、小车运行超出轨道允许范围
2	缓冲器	限位装置失灵时，缓冲起重机大车的撞击
3	防风防爬装置	防止大风吹移室外门式起重机
4	安全钩	防止起吊重物过程中，吊索脱离吊钩造成事故
5	超载保护装置	防止起重超载，造成起重电动机损坏的安全事故

图 7–6 架车机

架车机不准超过最大负载使用，钢轨桥防滑安全锁的功能应保持正常，供电系统应保持正常，电源线无损坏、松脱，最低位、最高位行程开关的位置应保持正常，架车时不准人员进入架车区域。

5. 场（厂）内机动车辆

场（厂）内机动车辆是指仅在工厂厂区等特定区域使用的专用机动车辆，主要包括叉车、运输车、清洁车等。

场（厂）内机动车辆安全管理的要点，一是驾驶员必须取得特种设备操作证，二是严格实行场（厂）内限速要求。

（1）严格执行场（厂）内机动车定期检验制度。

（2）所有场（厂）内机动车驾驶员、操作人员必须持证上岗，并定期检验操作证。

（3）严格按照场（厂）内机动车规定使用，严禁超高、超宽、超重使用设备。

（4）严格按照季节特点进行场（厂）内机动车维修保养，按照说明书规定添加符合要求的燃料，确保机动车使用安全。

案例分析

地铁电梯事故分析

1. 背景资料

时间：2011 年 9 月 22 日。

地点：某站站台 3 号扶梯。

事故类型：违章违纪。

事故影响：导致乘客拥堵、挤伤。

2. 事故经过

11：55，值班站长在站台巡视时发现站台 3 号扶梯故障，立即停梯，关闭扶梯上下护栏门，并挂故障提示牌；同时报机电人员维修，写报修记录。12：00，机电项目部电梯维修中心主任唐某某、维修员南某某接到车站客运人员报修电话，于 12：20 到达车站。机电维修人员到达现场后，根据车站工作人员的描述，对故障情况进行检查，发现扶梯头部梳齿板处有 3 个螺丝钉，清除后开启扶梯试运转，看到扶梯运转正常，便向车站工作人员报告修复完成。机电维修人员在未打开扶梯上方护栏门的情况下，打开了电梯下方的护栏门。此时，电梯处于运行状态。恰好有列车进站，由于 3 号扶梯上方护栏门未完全打开，造成乘梯乘客拥堵，发生乘客挤伤事故。

3. 原因分析

经过对现场勘查、现场人员问询和查看录像，得出以下结论。

（1）直接原因：扶梯上护栏门没有打开是造成乘客拥堵、挤伤的直接原因。

（2）间接原因：机电维修人员处理扶梯故障后，没有按照维修规定进行全面运转检查，也没有与客运人员进行交接，反映出地铁公司在人员管理、安全教育方面存在缺失，以及维修规章制度执行不到位等问题。

4. 整改措施

（1）进一步加强全体员工教育培训力度，尤其对相关规章制度的掌握和执行。

（2）加强运营分公司与设备分公司故障处理应急演练，优化并做好应急处置工作，提高现场应急处置水平。

（3）立即对各线电梯进出口护栏进行全面检查，统计汇总单向门位置数量，制定双向开启方案后，对各线电梯全面进行整改。

（4）将所有运行扶梯护栏门置于开启状态。

（5）将此次事件编写成案例，在全公司开展“举一反三查隐患”活动。

【思考与练习】

1. 影响行车安全的设备有哪些？

2. 城市轨道交通行车设备有哪些？

3. 收集屏蔽门、自动扶梯事故案例，分析总结该类设备对于人身安全的隐患并制定对应的防范措施。

第八章　城市轨道交通应急处置

学习目标

- ◆ 了解城市轨道交通应急管理体系的组织架构。
- ◆ 掌握应急预案的概念及主要内容。
- ◆ 掌握城市轨道交通应急处理流程。
- ◆ 掌握城市轨道交通应急处理原则。
- ◆ 了解车站和列车的应急设备及使用方法。
- ◆ 掌握应急情况处置过程。

2006 年 1 月 8 日，国务院发布《国家突发公共事件总体应急预案》。制定应急能力及防灾减灾应急预案，是衡量社会、企业、社区、家庭具备安全文化这一基本素质的重要体现。每个人都应具备一定的安全减灾文化素养、良好的心理素质和应急管理知识。

降低和控制风险的策略，一是降低事件、事故发生的可能性，需要采取预测、检测、预警、控制等预防性措施；二是减小事件、事故的影响，需要采取应急处理措施。

第一节　城市轨道交通应急管理体系

在城市轨道交通系统中，可能会发生因设施、设备故障或外来突发因素而造成或可能造成人身伤亡、财产损失和负面社会影响以及危及公共安全的事件。为了有效预防、及时处置突发事件，防止事故扩大，减少人员伤亡和财产损失，在规范城市轨道交通突发事故应急处置工作之前，应当了解应急管理的概念。

一、应急管理概述

1. 应急管理的定义

应急管理是对突发公共事件进行预防、应对、恢复的过程。

2. 突发事件的定义

从狭义上讲，突发事件是指在一定区域内突然发生、规模较大、对社会产生广泛负面影响、对生命财产构成严重威胁的事件和灾难。

从广义上讲，突发事件是在组织或个人原定计划之外或在认识范围外突然发生的、对其具有损伤性或潜在危险性的一切事件。

3. 突发事件的分类

（1）运营生产类

运营生产类重大级突发事件，包括行车大事故及以上事故。一般级突发事件，包括行车险性及以下事故，或严重影响运营的设备设施故障。

（2）消防治安类

消防治安类重大级突发事件，包括在地铁运营范围内发生爆炸、毒气、恐怖袭击、需消防部门灭火、5人及以上聚众闹事，严重影响地铁运营的事件。一般级突发事件，包括在地铁运营范围内收到恐吓信息、依靠自身力量可灭火、5人以下闹事，对地铁运营影响较小的事件。

（3）自然灾害类

自然灾害类重大级突发事件，包括发生地震、水灾及红色气候信号等严重影响地铁运营事件。一般级突发事件，包括蓝色、黄色气候信号影响地铁运营事件。

4. 突发事件的特点

（1）突发性，突发事件往往突如其来，出乎意料。

（2）危害性，突发事件造成人员伤亡、财产损失等。

（3）紧迫性，突发事件牵涉生命安全，没有及时行动，就会丧失时机。

（4）关联性，一个突发事件可能会引发其他事件。

（5）不确定性，开始可能是一个不大的事件，后来却变成大事件。

5. 突发事件应急处置工作原则

城市轨道交通企业处理突发事件须牢固树立“安全第一”的思想，遵循“预防为主、常备不懈”的方针，抢险组织工作要贯彻“高度集中、统一指挥、逐级负责、先通后复”的原则，确保抢险救援工作反应及时，措施果断、有序、可控、快速，减少事故影响，尽快恢复运营。

（1）安全第一，预防为主

把预防作为应对突发事件工作的中心环节和主要任务，建立责任体系，完善工作机制，加强维修保养，强化检查督促，开展宣传教育，防止和减少事故发生。

（2）统一指挥，快速反应

突发事件发生后，必须强化统一指挥。各单位在统一指挥下，按照预案快速反应，积极投入抢险救灾工作。

（3）各司其职，配合协调

突发事件发生后，各单位必须按照各自的职责分工开展各项工作。同时，必须注意各单位之间的协调配合，以达到共同做好抢险救灾工作的目的。

（4）以人为本，减少灾害

要把保障人民群众的生命安全作为应急工作的出发点和落脚点，最大限度地防止和减少突发事件造成的人员伤亡和危害。

6. 突发事件与风险

突发事件与风险有关。风险的特点是无处不在、无时不在、无人能免。因此，必须要树立风险意识。

7. 突发事件与隐患

突发事件与隐患有关。隐患是导致突发事件发生的诱因。

隐患是已经存在但还没有发生危害的不安全因素。风险可能发生，也可能不发生，但隐患不排除，事故就一定会发生。

隐患有两个特点：一是小，二是隐蔽。因为小，人们容易忽视；因为隐蔽，人们不易发现。因此，对隐患的排除要及时、坚决、彻底。

二、应急管理体系建设

我国应急管理体系建设的基本框架为一案三制。一案是指应急管理预案。三制是指应急管理的体制、机制和法制，解决突发事件事前、事发、事中、事后，谁来做、怎样做、做什么、何时做、用什么资源做的问题。

1. 建立健全和完善应急预案体系

应急预案体系要在辨识和评估潜在的重大危险、事件类型、发生的可能性及发生过程、事件后果及影响严重程度的基础上，对应急机构与职责、人员、技术、装备、设施设备、物资、救援行动及其指挥协调等方面做出的具体安排。国家应急预案体系框架如图 8–1 所示。

2. 建立健全和完善应急管理体制

在应急管理体制上，要建立健全集中统一、坚强有力的组织指挥机构，发挥组织优势，形成强大的社会动员体系。建立健全以事发地党委、政府为主，有关部门和相关地区协调配合的领导责任制，建立健全应急处置的专业队伍、专家队伍，充分发挥人民解放军、武警和预备役民兵的重要作用。

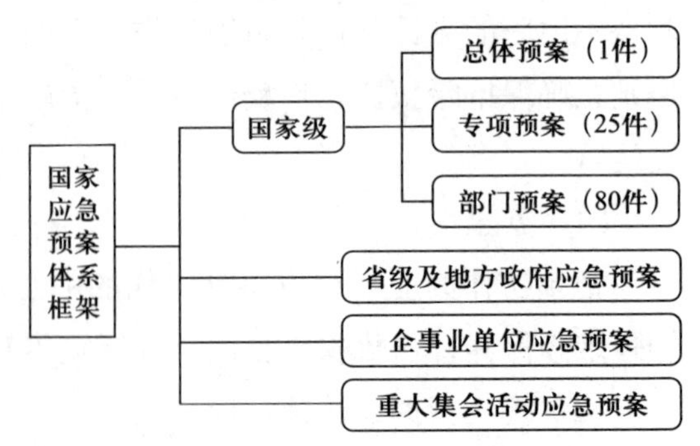

图 8–1 国家应急预案体系框架

3. 建立健全和完善应急运行机制

在应急运行机制上，要建立健全监测预警机制、信息报告机制、应急决策与协调机制、分级负责与响应机制、公众的沟通与动员机制、资源的配置与征用机制、奖惩机制、城乡社区管理机制等。

4. 建立健全和完善应急法制建设

在应急法制建设方面，要把整个应急管理工作纳入法制轨道，按照有关的法律法规来建立健全预案，依法行政，依法实施应急处置工作，要把法治精神贯穿于应急管理工作的全过程。

三、应急预案

1. 应急预案的相关概念

（1）应急

“应”指的是响应、反应，“急”指的是突发事故、事件或意外事故、事件。

应急是针对突发意外事故、事件，迅速、有序、有效地开展响应救援的行动过程。

（2）应急预案

“预”指的是提前准备、策划，“案”指的是完整的程序、方法、信息资料。

应急预案是针对特定范围可能发生的（特定）事故、事件，为迅速、有序、有效地开展应急行动而预先制定的行动方案。

（3）应急响应

应急响应是指事故、事件发生后，有关组织或人员采取的应急行动，从应急预案启动到关闭的整个过程。

（4）应急救援

应急救援是指在应急响应过程中，为消除、减少事故危害，防止事故扩大或恶化，最大限度地降低事故造成的损失或危害而采取的救援措施或行动。应急救援是应急响应的一部分。

（5）恢复

恢复是指事故的影响得到初步控制后，为使生产、工作、生活和生态环境尽快恢复到正常状态而采取的措施或行动。恢复是应急响应的后期行动。

2. 应急预案的编制要求

（1）应急预案要符合有关法律、法规、规章和标准。

（2）应急预案要结合本地区、本部门、本单位的安全生产实际情况。

（3）应急预案要结合本地区、本部门、本单位的危险性分析情况。

（4）应急预案要明确应急组织和人员的职责分工，并有具体的落实措施。

（5）应急预案要有明确具体的事故预防措施和应急程序，并与其应急能力相适应。

（6）应急预案要有明确的应急保障措施，并能满足本地区、本部门、本单位的应急工作要求。

（7）应急预案基本要素齐全、完整，预案附件提供的信息准确。

（8）应急预案内容与相关应急预案相互衔接。

3. 应急预案的分级与种类

（1）应急预案的分级

应急预案按行政区域可分为五级：Ⅴ级为国家级应急预案，Ⅳ级为省级应急预案，Ⅲ级为地区、市级应急预案，Ⅱ级为区（县）/社区应急预案，Ⅰ级为企业级应急预案。

（2）应急预案的种类

1）总体（综合）应急预案（第一级）。总体（综合）应急预案是预案体系的顶层，在一定的应急方针、政策指导下，从整体上分析一个行政辖区的危险源、应急资源、应急能力，并明确应急组织体系及相应职责，应急行动的总体思路、责任追究等。这类应急预案主要应用于企业、街道、社区。

2）专项应急预案（第二级）。专项应急预案是针对某种具体、特定类型的突发事件，如防汛、危险化学品泄漏及其他自然灾害。它是在综合预案的基础上，充分考虑了某种特定危险的特点，对应急的形式、组织机构、应急活动等进行具体阐述，有较强的针对性。

3）现场应急预案（第三级）。现场应急预案是在专项预案基础上，根据具体情况需要而编制，针对特定场所，通常是风险较大场所或重要防护区域所制定的预案。例如，危险化学品事故专项预案下编制的某重大危险源的场内应急预案，公共娱乐场所专项预案下编制的某娱乐场所的场内应急预案等。现场应急预案有更强的针对性，对现场具体救援活动具有更具体的操作性。

4）单项应急预案（临时性）。单项应急预案是针对大型公众聚集活动和高风险的建筑施工活动等制定的临时性应急行动方案。预案内容主要是针对活动中可能出现的紧急情况，预先对相应应急机构的职责、任务和预防措施做出的安排。

4. 应急预案的主要内容

（1）概况

应急预案概况主要描述生产经营单位概况以及危险特性状况等，同时对紧急情况下应急事件、适用范围和方针原则等进行简述和必要说明。

应急救援体系首先应有一个明确的方针和原则，作为指导应急救援工作的纲领。方针与原则反映了应急救援工作的优先方向、政策、范围和总体目标，此外还应体现事故损失控制、预防为主、统一指挥以及持续改进等思想。

（2）事故预防

事故预防是对潜在事故、可能的次生与衍生事故进行分析，并说明所采取的预防和控

制事故的措施。

应急预案具有明确的对象，其对象可能是某一类或多类可能的重大事故类型。应急预案必须基于对潜在事故类型有一个全面系统的认识和评价，识别出重要的潜在事故类型、性质、区域、分布及事故后果，同时根据危险分析的结果，分析应急救援的应急力量和可用资源情况，并提出建设性意见。

1）危险分析。危险分析的最终目的是明确应急的对象（可能存在的重大事故）、事故的性质及影响范围、后果严重程度等，为应急准备、应急响应和减灾措施提供决策和指导依据。危险分析包括危险识别、脆弱性分析和风险分析。

2）资源分析。针对危险分析确定的危险，明确应急救援所需资源，列出可用的应急力量和资源，包括：各类应急力量的组成及分布情况，各种重要应急设备和物资的准备情况，上级救援机构或周边可用的应急资源。资源分析可为应急资源的规划与配备，与相邻地区签订互助协议和应急预案编制提供指导。

3）法律法规要求。有关应急救援的法律法规是开展应急救援工作的重要前提和保障。编制预案前，应调研国家和地方有关应急预案、事故预防、应急准备、应急响应和恢复相关的法律法规文件，作为应急预案编制和授权的依据。

（3）准备程序

准备程序应说明应急行动前需要的准备工作，包括应急组织及职责权限、应急队伍建设和人员培训、应急物资准备、应急预案演习、公众应急知识培训、互助协议签订等。

应急预案能否在应急救援中成功地发挥作用，不仅仅取决于应急预案自身的完善程度，还依赖于应急准备的充分程度。

1）机构与职责。为保证应急救援工作反应迅速、协调有序，必须建立完善的应急机构组织体系，包括城市应急管理的领导机构、应急响应中心以及各有关部门等。应急救援中承担任务的所有组织，都应明确职责、负责人、候补负责人及联络方式。

2）应急资源。应急资源的准备是应急救援工作的重要保障，应根据潜在事故的性质和危险分析，合理组建专业和社会救援力量，配备各种救援机械和装备、监测仪器、堵漏和消防材料、交通工具、个体防护装备、医疗器械和药品、生活保障物资等，并定期检查、维护与更新。另外，应急资源信息应实施有效管理与更新。

3）教育、训练与演习。为全面提高应急能力，应急预案应对公众教育、应急训练和演习做出相应的规定。

公众安全意识和自我保护能力是减少重大事故伤亡的一个重要方面。作为应急准备的一项内容，应对公众的日常教育做出规定，尤其是位于重大危险源周边的人群，使他们了解潜在危险的性质和对健康的危害，掌握必要的自救知识，了解预先指定的主要及备用疏散路线、集合地点，了解各种警报的含义和应急救援工作的有关要求。

应急演习是对应急能力的综合检验。开展应急演习，有助于提高应急能力。同时，通过对演练的结果进行评估总结，有助于改进应急预案和应急管理工作中存在的不足，持续提高应急能力，完善应急管理工作。

4）互助协议。当有关应急力量与资源相对薄弱时，应事先寻求与邻近区域签订互助协议，并做好相应安排，以便在应急救援中及时得到外部援助。此外，应与社会专业技术服务机构、物资供应企业等签署互助协议。

（4）应急程序

在应急救援过程中，存在一些必需的核心功能和任务，如接警与通知、指挥与控制、警报和紧急公告、通信、事态监测与评估、警戒与治安、人群疏散与安置、医疗与卫生、公共关系、应急人员安全、消防和抢险、泄漏物控制等，无论哪种应急过程，都必须围绕上述功能和任务开展。

1）接警与通知。准确了解事故的性质和规模等初始信息，是决定启动应急救援的关键。接警作为应急响应的第一步，必须明确接警要求，迅速、准确地向报警人员询问事故现场的重要信息。接警人员接到报警后，应按预先确定的通报程序，迅速向有关应急机构、政府及上级部门发出事故通知。

2）指挥与控制。重大安全生产事故应急救援往往需要多个救援机构共同处置，因此，对应急行动的统一指挥和协调是有效开展应急救援的关键。建立统一的应急指挥、协调和决策程序，便于对事故进行初始评估，确认紧急状态，从而迅速有效地进行应急响应决策，建立现场工作区域，确定重点保护区域和应急行动的优先原则，指挥和协调现场各救援队伍开展救援行动，合理高效地调配和使用应急资源。

3）警报和紧急公告。当事故对周边地区的公众可能造成威胁时，应及时启动警报系统，向公众发出警报，同时通过各种途径向公众发出紧急公告，告知事故性质、对健康的影响、自我保护措施、注意事项等，以保证公众能够及时做出自我保护响应。决定实施疏散时，应通过紧急公告确保公众了解疏散的有关信息，如疏散时间、路线、可随身携带物品、交通工具及目的地等。

4）通信。通信是应急指挥、协调以及与外界联系的重要保障。在现场指挥部、应急中心、各应急救援组织、新闻媒体、医院、上级政府和外部救援机构之间，必须建立完善的应急通信网络。在应急救援过程中，应始终保持通信网络畅通，并设立备用通信系统。

5）事态监测与评估。在应急救援过程中必须对事故的发展势态及影响及时进行动态监测，建立对事故现场及场外的监测和评估程序。事态监测与评估在应急救援中起着非常重要的决策支持作用，其结果不仅是控制事故现场，制定消防、抢险措施的重要决策依据，也是

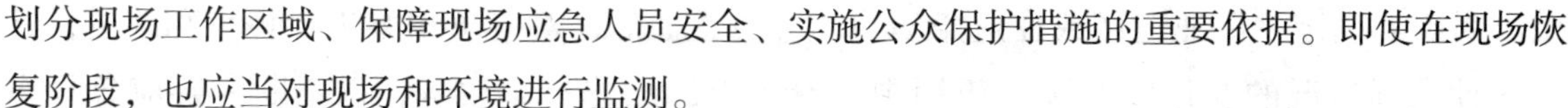

划分现场工作区域、保障现场应急人员安全、实施公众保护措施的重要依据。即使在现场恢复阶段，也应当对现场和环境进行监测。

6）警戒与治安。为保障现场应急救援工作的顺利开展，在事故现场周围设立警戒区域，实施交通管制，维护现场治安秩序是十分必要的，其目的是要防止无关人员进入事故现场，保障救援队伍、物资和人群的交通畅通，避免发生不必要的伤亡。

7）人群疏散与安置。人群疏散是减少人员伤亡的关键，应当对疏散的紧急情况和决策、预防性疏散准备、疏散区域、疏散距离、疏散路线、疏散运输工具、避难场所以及回迁等做出细致的规定和准备，应考虑疏散人群的数量、所需时间、环境变化以及特殊人群的疏散问题。对已实施临时疏散的人群，要做好临时生活安置，保障必要的水、电、卫生等基本生活条件。

8）医疗与卫生。对受伤人员进行现场急救，合理转送医院进行治疗，是减少事故现场人员伤亡的关键。相关医疗人员必须了解城市主要的危险来源，并经过培训，掌握对受伤人员进行正确消毒和治疗的方法。

9）公共关系。重大事故发生后，应将有关事故的信息、影响、救援进展等情况及时向媒体和公众公布，以消除公众的恐慌心理，避免公众的猜疑。应保证事故和救援信息的统一发布，明确应急救援过程中对媒体和公众的发言人和信息批准、发布的程序，避免信息不一致。同时，还应处理好公众咨询、接待，并安抚受害者家属。

10）应急人员安全。重大事故，尤其是涉及危险物质的重大事故，应急救援工作危险性极大，必须考虑应急人员的安全，包括安全预防措施、个体防护设备、现场安全监测等，明确紧急撤离应急人员的条件和程序，保证应急人员免受事故的伤害。

11）抢险与救援。抢险与救援是应急救援工作的核心内容之一，其目的是为了尽快地控制事故的发展，防止事故蔓延和进一步扩大，从而最终控制住事故，并积极营救事故现场的受害人员。

12）危险物质控制。危险物质的泄漏或失控，可能引发火灾、爆炸或中毒事故。泄漏的危险物质以及夹带了有毒物质的灭火用水，都可能对环境造成重大影响，同时也会给现场救援工作带来危险。因此，必须对危险物质进行有效控制，如对泄漏物的围堵、收容和洗消，并进行妥善处置。

（5）现场恢复

现场恢复也称为紧急恢复，是指事故被控制住以后进行的短期恢复。从应急过程来说，意味着应急救援工作的结束，进入到将现场恢复到一个基本稳定状态的阶段。在现场恢复过程中仍存在潜在的危险，如余烬复燃、受损建筑倒塌等，所以要充分重视。

（6）预案管理与评审改进

应急预案是应急救援工作的指导文件。应当对预案的制定、修改、更新、批准和发布做出明确的规定，保证定期或在应急演习、应急救援后，对应急预案进行评审和改进，针对各种实际情况的变化以及预案应用中所暴露出的缺陷持续改进，以不断完善应急预案体系。

以上这六个方面的内容既相对独立，又紧密联系，它从应急的方针、策划、准备、响应、恢复到预案的管理与评审改进，形成了一个有机联系并持续改进的体系结构。这些要素是重大事故应急预案编制所应涉及的基本方面。在编制时，可根据职能部门的设置和职责分配等具体情况，将要素进行合并或增加，以更符合实际。

第二节　车站及列车应急设备

城市轨道交通系统的列车是在封闭状态下运营的大型载客交通工具，因设备故障、技术行为、人为破坏、不可抗力等原因，可能会发生突发事故。为保证紧急情况下乘客的人身安全，在列车和车站都安装有相应的应急设备。当出现紧急情况时，乘客可以通过应急设备进行报警或自救。

一、车站应急设备

车站应急设备分为事故救援应急设备和车站机电设备应急装置。

1. 事故救援应急设备

（1）呼吸器

呼吸器如图 8-2 所示。车站应定期组织员工演练，定期检查气瓶压力，以确保突发情况发生时能够正常使用。

图 8-2　呼吸器

（2）逃生面具

车站所有员工必须掌握逃生面具的使用方法。车站每岗一具，随岗配发，随岗交接。各岗负责人负责保管并定期检查逃生面具真空包装的完好情况。

（3）应急灯

图 8-3　应急灯

应急灯如图 8-3 所示，车站要定期检查应急灯的性能，按使用说明及时充电，由专人管理并建立充电登记制度，确保随取随用。

（4）担架

担架如图 8-4 所示，担架统一放置于车站行车值班室，指定专人保管。

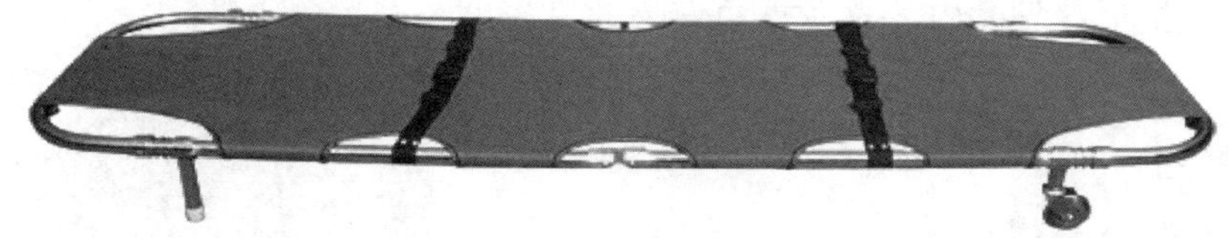
图 8-4　担架

（5）存尸袋

存尸袋如图 8-5 所示，存尸袋统一放置于车站行车值班室，指定专人保管。

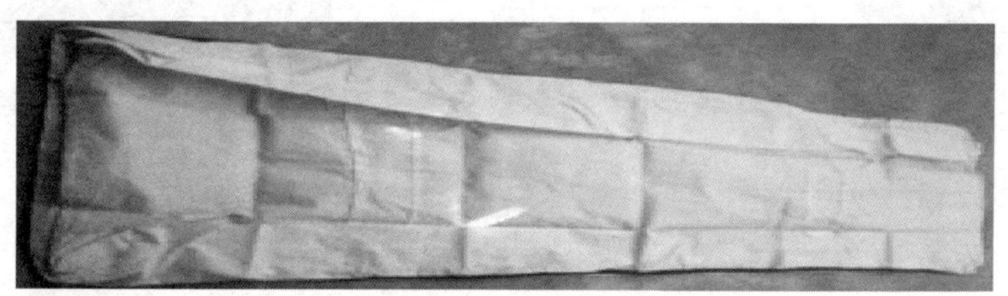
图 8-5　存尸袋

（6）便携式扶梯

便携式扶梯一般放置于车站行车值班室和行车副室，指定专人保管。

（7）湿毛巾

当车站发生火灾、生化恐怖袭击时，可将湿毛巾分发给乘客使用。湿毛巾通常存放于车站售票室和行车值班室。

（8）抢险锤

抢险锤统一放置于车站行车值班室，指定专人保管。

（9）防汛铁锹

防汛铁锹统一放置于车站仓库，指定专人保管。

（10）挡水板

挡水板统一放置于车站仓库，指定专人保管。

（11）草垫子

草垫子统一放置于车站仓库，指定专人保管。

（12）编织袋

编织袋统一放置于车站仓库，指定专人保管。

2. 车站机电设备应急装置

车站机电设备应急装置主要有火灾紧急报警器（见图 8–6）、自动扶梯紧急停止装置（见图 8–7）、紧急停车按钮（见图 8–8）、屏蔽门紧急开关（见图 8–9）等。以上应急装置的安装位置和数量根据不同城市轨道交通系统建设的要求而有所不同，但各类应急设备的启用时机必须在发生危及列车行车安全或危及人身安全的紧急情况下使用。

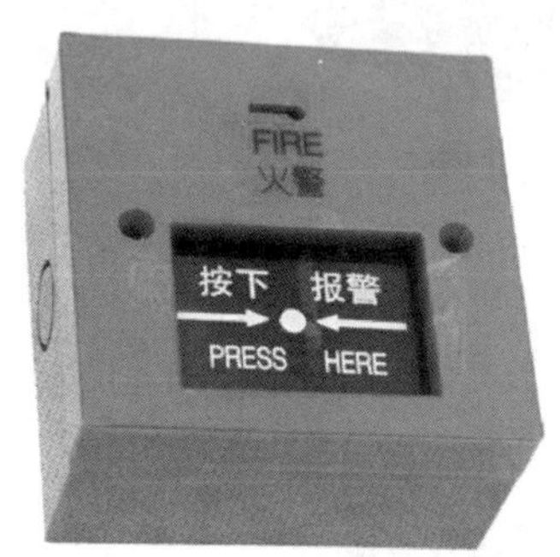

图 8–6　火灾紧急报警器

图 8–7　自动扶梯紧急停止装置

图 8–8　紧急停车按钮

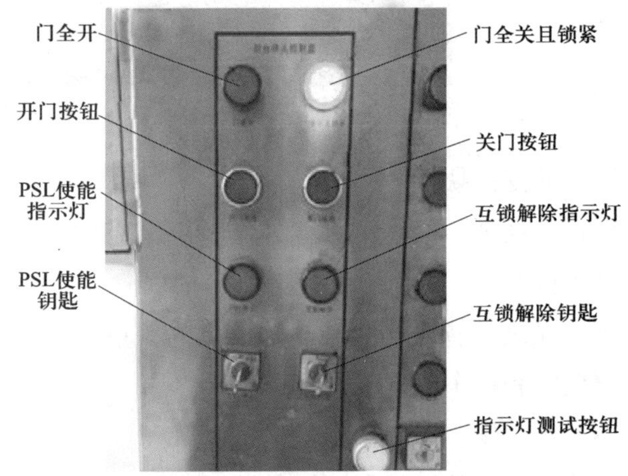

图 8–9　屏蔽门紧急开关

二、列车应急设备

乘客乘车车厢和车辆驾驶室都安装有一定的应急设备，主要包括应急疏散门、紧急报警装置、灭火器、紧急开门装置等。

1. 应急疏散门

应急疏散门安装于司机室左面，如图 8–10 所示。手动解锁应急疏散门后，可推下接近轨道的紧急梯。

逃生门装有挡风玻璃、雨刮器和清洗器。雨刮器和清洗器与司机室前窗的雨刮器和清洗器共同控制。在运营区间发生故障时，司机可以通过前后的应急疏散门疏散乘客。通过该门，可以将乘客快速、有序地疏导到隧道逃生。

图 8–10　应急疏散门

2. 紧急报警装置

紧急报警装置安装于列车的车厢内，如图 8–11 所示。一般情况下，列车的每节车厢至少安装两个紧急报警装置，包括报警按钮和紧急对讲器。当车厢发生乘客冲突、人员昏厥、火灾等紧急状况时，乘客可以立即使用此装置通知司机，以便司机根据现场情况进行处理。

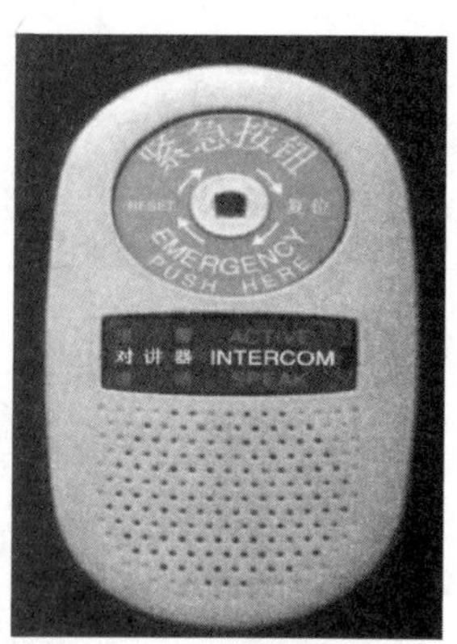

图 8–11　紧急报警装置

3. 灭火器

每节车厢均配备有灭火器，如图 8–12 所示。一般情况下，车厢配备的灭火器放置于乘客座椅下或车辆前后两端的专门位置。当列车发生较小火灾时，乘客可利用灭火器进行灭火，防止火情蔓延。

图 8–12　灭火器

4. 紧急开门装置

在列车的每个车门上均安装有紧急开门装置，如图 8–13 所示。紧急开门装置的作用是列车在故障或紧急情况时，人工开门时使用。

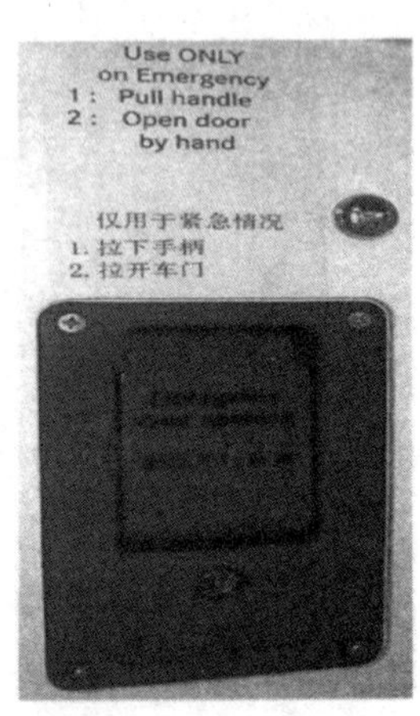

图 8–13　紧急开门装置

第三节　城市轨道交通应急处置

一、应急响应

1. 应急响应类型

应急响应分为防汛抗旱应急响应、高速公路应急响应、公共卫生应急响应、突发灾害应急响应、突发事件应急响应等。

2. 应急响应级别

按照安全生产事故的可控性、严重程度和影响范围，应急响应级别原则上分为四级响应。

（1）出现下列情况之一，启动Ⅰ级响应

1）造成 30 人以上死亡（含失踪），或者危及 30 人以上生命安全，或者 100 人以上中毒（重伤），或者直接经济损失 1 亿元以上的特别重大安全生产事故。

2）需要紧急转移安置 10 万人以上的安全生产事故。

3）超出省（区、市）人民政府应急处置能力的安全生产事故。

4）跨省级行政区、跨领域（行业和部门）的安全生产事故。

5）需要国务院安委会响应的安全生产事故。

（2）出现下列情况之一，启动Ⅱ级响应

1）造成10人以上、30人以下死亡（含失踪），或者危及10人以上、30人以下生命安全，或者50人以上、100人以下中毒（重伤），或者直接经济损失5 000万元以上、1亿元以下的安全生产事故。

2）超出市（地、州）人民政府应急处置能力的安全生产事故。

3）跨市、地级行政区的安全生产事故。

4）省（区、市）人民政府认为有必要响应的安全生产事故。

（3）出现下列情况之一，启动Ⅲ级响应

1）造成3人以上、10人以下死亡（含失踪），或者危及10人以上、30人以下生命安全，或者30人以上、50人以下中毒（重伤），或者直接经济损失较大的安全生产事故。

2）超出县级人民政府应急处置能力的安全生产事故。

3）跨县级行政区安全生产事故。

4）市（地、州）人民政府认为有必要响应的安全生产事故。

（4）出现下列情况之一，启动Ⅳ级响应

1）造成3人以下死亡，或者危及3人以下生命安全，或者10人以下重伤，或者直接经济损失1 000万元以下的安全生产事故。

2）需要紧急转移安置5 000人以上、10 000人以下的安全生产事故。

3）县级人民政府认为有必要响应的安全生产事故。

Ⅰ、Ⅱ、Ⅲ级应急响应行动分别由国务院安委办或国务院有关部门、省安委办或省政府有关部门、市安委办或市政府有关部门组织实施。若发生需要Ⅰ、Ⅱ、Ⅲ级应急响应的事故灾难时，在国家、省、市预案正式启动前，由市政府和事发地镇政府（街道办）先行处置，防止事态扩大，同时逐级上报，逐级响应。

Ⅳ级应急响应行动由县市安委办或市政府有关部门组织实施。当县市安委办或市政府有关部门进行Ⅳ级应急响应行动时，事发地的各镇政府（街道办）应当按照相应的预案全力以赴组织救援，并及时向县市政府、市安委办及市直有关部门报告救援情况。

3. 应急响应程序

（1）处理应急响应各类事故信息，应坚持迅速、准确、客观，以及逐级报告的原则。

事故发生在区间时，列车司机应立即报告行调。事故发生在车站或车厂内时，车站值班站长或车厂调度员应立即报告行调。

发生人员伤亡、火灾、爆炸、毒气袭击、聚众闹事、劫持人质及其他恐怖活动，需要报警时，由现场负责人或目击者在第一时间直接报告。如果无法直接报告，应尽快向就近的车站、控制中心或上级报告，再报警。

（2）根据事故的大小和发展态势，明确接警、信息接报与处理、应急行动、救援行动、事态控制、应急恢复、应急结束等响应程序。应急响应程序如图 8-14 所示。

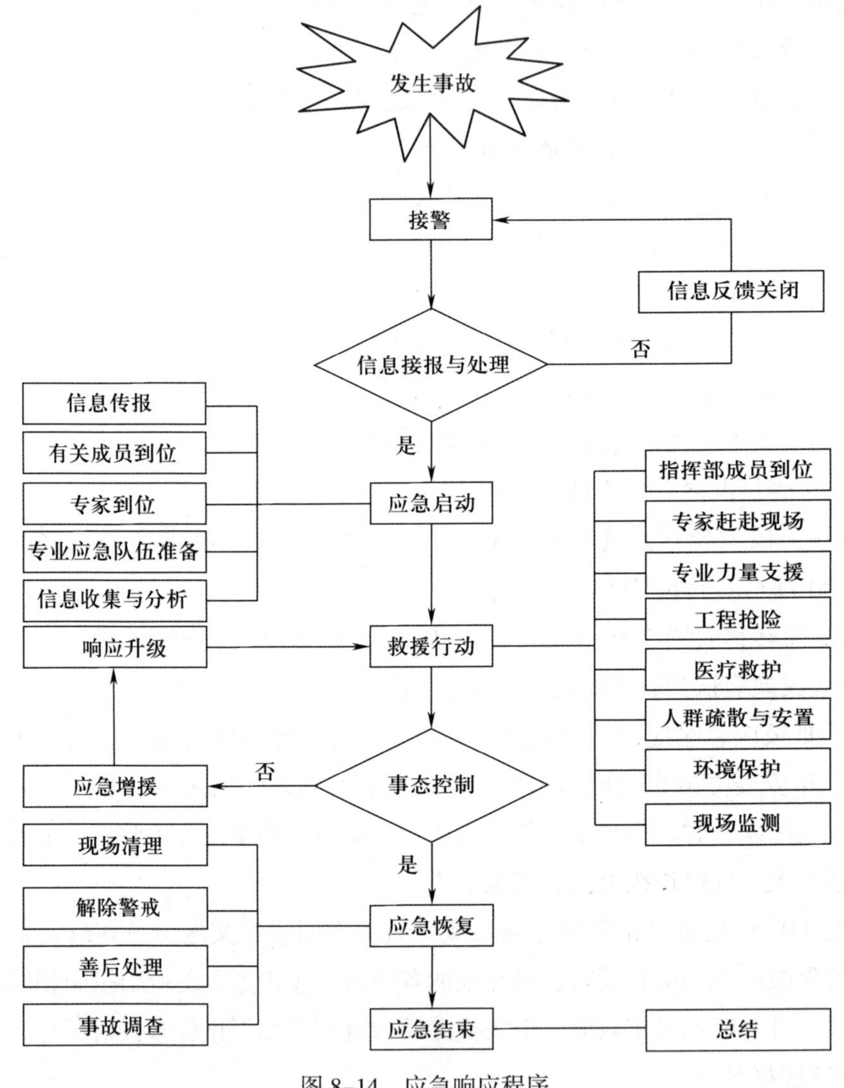

图 8-14　应急响应程序

二、应急处置

1. 大面积停电应急处置

为贯彻“安全第一、预防为主、防救结合”的方针，确保各项设备和乘客的安全，应尽快恢复正常供电和运营。一旦发生大面积停电，员工在确保自身安全的情况下应坚守岗

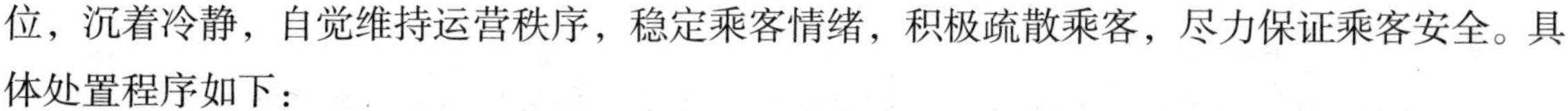

位，沉着冷静，自觉维持运营秩序，稳定乘客情绪，积极疏散乘客，尽力保证乘客安全。具体处置程序如下：

（1）发生大面积停电时，车站工作人员应判明现场情况，启用紧急照明。在OCC和站长的指挥下，积极疏导乘客。设备值班人员应关闭正在操作的设备，切断电源开关后，设法与外界取得联系，协助乘务人员疏导乘客。

（2）发生接触网停电导致列车停运时，当班的客车司机是组织该列车所载乘客疏散的第一责任人。首先应通过广播稳定乘客情绪，听从OCC值班调度或邻站值班站长的指挥。若列车停在隧道中，与OCC失去联系时，司机必须指挥、引导乘客有步骤、有组织地向最近的车站疏散。到达车站后，依次服从车站值班员、值班站长、站长的组织指挥，直至将乘客安全引导至地面安全地带。

（3）行调、电调、环调、变电所等关键岗位值班人员应坚守岗位，确保本部门设备、设施和人员的安全，并采取一切可能措施减少停电损失。同时，着手调查、收集管辖范围内人员、设备、设施停电影响情况，迅速将险情及初步救援方案向有关领导汇报。

（4）各中心应做好停电后的设备保护，OCC负责把各变电所高、低压侧开关分开，断开各类负荷开关。来电后恢复按照主所、变电所、一类负荷、二类负荷、三类负荷的顺序，逐步恢复供电。

2. 火灾应急处置

若火灾事故发生在区间及列车上，由司机负责。根据需要，行调安排事故区间邻近车站值班站长（或站长）到达事故现场后，由该值班站长（或站长）负责。若事故发生在车站或车辆基地，由值班站长（或站长）、基地调度员负责。现场组织救援的原则为：采取各种措施，稳定乘客情绪，维持秩序，尽力保证乘客安全；现场责任人判明现场情况及时报告，做到“信息畅通，及时反馈”；以控制事态、减小影响为目的，动员和组织力量进行抢险。

（1）火灾发生在车站

1）OCC调度应急措施：

①行调安排已进入区间的列车采取跳站运行方式越过发生火灾的车站。在确定火灾严重程度前，全线暂停运营。待确认情况后，再决定是否恢复运行或继续采用跳站方式运行。未进入该车站范围的列车，应在前方车站停车。根据具体情况，发布关闭部分车站的命令，随时了解和掌握灾情及疏散乘客情况，协助处理有关事宜。

②电调立即将火灾区段线路接触网停电。

③环调及时了解现场情况，根据相应火灾运行模式确定送排风模式，保持与火灾现场的联系，及时发布相关命令。

④立即通知急救中心、消防支队等相关单位，要求派出救援车辆前往事发地点。

2）车站员工应急措施：

①带好灭火器具，扑救初起火灾。

②立即停止售检票，禁止乘客进站。利用广播稳定站内乘客情绪。根据现场情况，及时组织乘客疏散。

③积极协助救援人员开展救援工作。

④根据实际情况关闭相应机电及空调设备，开启事故照明，启动相应送风及排烟程序。

3）司机应急措施。听从调度指挥，对乘客用标准用语进行广播，稳定乘客情绪。如果此时正好列车停站上下客，应通过广播通知乘客停止下车，关闭车门和屏蔽门。

（2）火灾发生在列车上

列车发生火灾时，往往由乘客首先发现，然后再通知给司机和OCC。因此，当列车发生火灾时，首先应确认火灾的严重程度，以便决定列车是否继续运行到下一个车站或在区间紧急停车疏散乘客。

如果列车还可以继续运行到下一个车站，火灾的处理方法按车站发生火灾处理。

（3）火灾发生在地铁运营区间

1）OCC接到报告后，立即通知急救中心、消防支队等相关单位组织救援，发布全线列车暂时停运命令，待确认情况后决定运行方式。同时，立即将火灾区段线路接触网停电，确定通风排烟模式，保证乘客安全撤离，并阻止火灾扩散。

2）对于火灾区间两端的车站，应组织乘客疏散，以防隧道火灾蔓延到车站。其他车站在列车停运期间应停止售检票，禁止乘客进站。

3）当列车已进入火灾区域，无法在火灾区域前停车的情况下，司机应操纵列车冲过火灾区域，在前方车站停车。当列车停在火灾区域前，但已经离开车站时，列车应在OCC的指挥下缓慢倒回车站。

（4）火灾发生在车辆基地

车辆基地调度接到报告后，应立即通知急救中心、消防支队等相关单位组织救援，同时通知各有关部门领导，将基地接触网停电，向基地内人员发出火灾警报。

现场总指挥到达事故现场后，应迅速查看事故现场，确定影响范围，开展抢险救援工作，防止火势扩大。

3. 正线车辆脱轨应急处置

（1）确定脱轨后，OCC立即扣停开往受影响区域列车，对已进入该区间的列车，组织其退回始发车站。

（2）OCC 通知电调做好关闭脱轨区段的牵引电流和挂接地线的准备。

（3）通知相关线路，派出救援队起复车辆，启动应急接驳预案。

（4）OCC、司机和车站组织乘客疏散。确认具备停电条件后，OCC 组织停电。

（5）列车在隧道内脱轨，OCC 组织隧道送风。

（6）组织好抢修期间的客车降级运营工作。

（7）维修调度在接到车辆脱轨事故的明确报告后，应立即组织车辆抢险队前往事故现场，车辆抢险队员接到命令后在 10 min 内出发前往事故现场。

（8）第一个赶往事故现场的车辆抢险员工，自动成为车辆事故现场抢险指挥负责人，并将所观察到的情况反馈回事发分部车厂控制中心，当车辆抢险指挥小组成员赶到后，向车辆抢险指挥小组汇报现场情况并移交指挥权。

（9）起复后，必须在确认接地线拆除和线路出清后通知电调送电，做好恢复正常运营的准备工作，组织列车清客或工程车前往救援，连挂脱轨列车限速运行进入就近的存车线，待运营结束后再安排事故列车回厂检修。

（10）组织备用客车上线服务。

4. 大客流应急处置

大客流可能出现的情况主要有节假日、特别事件（如演唱会、体育赛事）、恶劣天气、运营服务中断、意外事件、事故等。

大客流可能出现的地点主要有站台、站前广场、换乘通道、自动扶梯、楼梯、出入口、站台、公交接驳处等。

大客流应急处置具体步骤为：

（1）管理客流

1）站务员在入口处对乘客“分批放行”。

2）车站督导员关闭进站闸机及自动售票机。

3）车站人员使用手提扬声器引导乘客。

4）车站人员在重要的位置和入口设置单行走向。

（2）车站清人

1）值班站长请求行调安排空车接载乘客。

2）车站督导员播放清站广播。

3）车站人员转换自动扶梯运行方向来疏导客流。

（3）阻止乘客进入车站

1）值班站长请求行调安排列车不停站。

2）车站督导员关闭车站入口或指定该口仅供出站。

3）车站人员摆放通告，在入口对关站和禁入原因进行说明。

4）车站人员停止运行到站台方向的自动扶梯。

5. 区间乘客疏散应急处置

（1）司机的应急处理

1）列车停车后，应立即广播安抚乘客，提醒乘客切勿打开车门，并将列车位置（区间、百米标，上下行正线）及现场情况报告OCC或设法联系就近车站。

2）接到行调疏散通知后，确认疏散方向，做好疏散准备。

3）车站工作人员到达后，打开每列车疏散平台侧疏散方向的第一个和第二个车门，组织乘客下车，通过疏散平台疏散到就近车站。

4）广播引导乘客疏散，并协助车站工作人员维持疏散的秩序。

（2）OCC的应急处理

1）OCC接报信息，确认需疏散乘客后，按照向就近车站疏散的原则组织乘客疏散。

2）通知就近车站安排人员进入区间组织乘客疏散。

3）通知邻线列车在疏散的区间限速运行，并注意瞭望和鸣笛。

4）按规定开启区间照明和隧道通风系统。

（3）车站的应急处理

1）接到行调组织列车区间疏散的命令后，确认疏散方向。

2）按规定穿戴好防护用品，得到行调同意后，值班站长带领工作人员进入区间。

3）车站工作人员达到现场后，在列车头部和尾部、正线与入段线连接处、联络通道、疏散平台断开处等关键地点安排人员引导乘客。

4）通知司机在疏散平台侧，打开每列车疏散方向的第一个和第二个车门，组织乘客下车，通过疏散平台疏散到就近车站。

6. 列车故障应急处置

（1）出现列车故障时，应及时组织备用车上线调整运行。

（2）若故障车在车站内，故障车在清客后再与救援列车连挂；若故障车在区间，故障车与救援列车连挂后运行到前方车站再清客。

（3）列车发生故障时，行调视情况及时扣停后续第二列或第三列车在就近设有辅助线的车站内，并做好小交路运营的准备。

（4）在列车故障救援时，遵循有限度列车服务的原则，列车的运行间隔由行调组织调整。在中间站折返至上行线或下行线时，如列车采用站前折返，需在折返站前一站

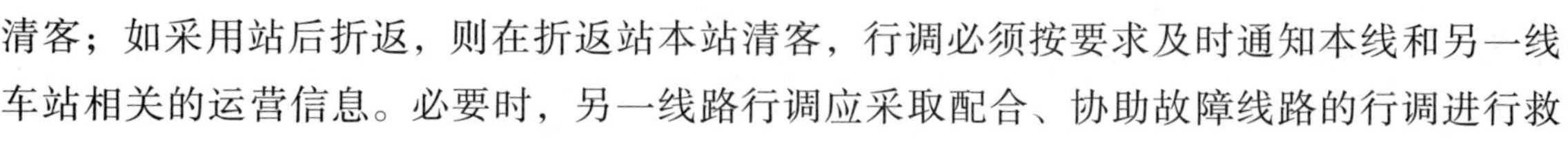

清客；如采用站后折返，则在折返站本站清客，行调必须按要求及时通知本线和另一线车站相关的运营信息。必要时，另一线路行调应采取配合、协助故障线路的行调进行救援。

（5）在故障明确、可进行准确判断的情况下，行调应严格遵循行车组织方案。若在各项前提条件均不满足或故障不明显、判断偏误的情况下，应采取灵活措施组织行车。

（6）列车救援时，按规定速度推进运行。

（7）列车在区间出现故障，如无人引导，原则上不要求司机到后端司机室尝试动车。

【思考与练习】

1. 应急程序是什么？

2. 应急预案的编制要求具体有哪些？

3. 应急预案的分级与种类分别有哪些？

4. 车站应急设备有哪些？

5. 列车应急设备有哪些？

6. 地铁站的应急处置主要有哪几种？

7. 案例分析题：某地铁车站有5名工作人员，救援设备有担架、血压计、纱布、三角巾，拟开展紧急救援演练，任务如下：站务员甲发现一名乘客趴在A出口的楼梯口处，呼吸、心跳停止，胳膊受伤出血，现运用车站现有的资源，以小组为单位，结合大家学过的急救专业知识（如伤口包扎知识、心肺复苏法等）进行施救，并写出详细的应急预案。

城市轨道交通运营管理规定

中华人民共和国交通运输部令　2018 年第 8 号

第一章　总　　则

第一条　为规范城市轨道交通运营管理，保障运营安全，提高服务质量，促进城市轨道交通行业健康发展，根据国家有关法律、行政法规和国务院有关文件要求，制定本规定。

第二条　地铁、轻轨等城市轨道交通的运营及相关管理活动，适用本规定。

第三条　城市轨道交通运营管理应当遵循以人民为中心、安全可靠、便捷高效、经济舒适的原则。

第四条　交通运输部负责指导全国城市轨道交通运营管理工作。

省、自治区交通运输主管部门负责指导本行政区域内的城市轨道交通运营管理工作。

城市轨道交通所在地城市交通运输主管部门或者城市人民政府指定的城市轨道交通运营主管部门（以下统称城市轨道交通运营主管部门）在本级人民政府的领导下负责组织实施本行政区域内的城市轨道交通运营监督管理工作。

第二章　运营基础要求

第五条　城市轨道交通运营主管部门在城市轨道交通线网规划及建设规划征求意见阶段，应当综合考虑与城市规划的衔接、城市轨道交通客流需求、运营安全保障等因素，对线网布局和规模、换乘枢纽规划、建设时序、资源共享、线网综合应急指挥系统建设、线路功能定位、线路制式、系统规模、交通接驳等提出意见。

城市轨道交通运营主管部门在城市轨道交通工程项目可行性研究报告和初步设计文件编制审批征求意见阶段，应当对客流预测、系统设计运输能力、行车组织、运营管理、运营服务、运营安全等提出意见。

第六条　城市轨道交通工程项目可行性研究报告和初步设计文件中应当设置运营服务专篇，内容应当至少包括：

（一）车站开通运营的出入口数量、站台面积、通道宽度、换乘条件、站厅容纳能力等设施、设备能力与服务需求和安全要求的符合情况；

（二）车辆、通信、信号、供电、自动售检票等设施设备选型与线网中其他线路设施设备的兼容情况；

（三）安全应急设施规划布局、规模等与运营安全的适应性，与主体工程的同步规划和设计情况；

（四）与城市轨道交通线网运力衔接配套情况；

（五）其他交通方式的配套衔接情况；

（六）无障碍环境建设情况。

第七条　城市轨道交通车辆、通信、信号、供电、机电、自动售检票、站台门等设施设备和综合监控系统应当符合国家规定的运营准入技术条件，并实现系统互联互通、兼容共享，满足网络化运营需要。

第八条　城市轨道交通工程项目原则上应当在可行性研究报告编制前，按照有关规定选择确定运营单位。运营单位应当满足以下条件：

（一）具有企业法人资格，经营范围包括城市轨道交通运营管理；

（二）具有健全的行车管理、客运管理、设施设备管理、人员管理等安全生产管理体系和服务质量保障制度；

（三）具有车辆、通信、信号、供电、机电、轨道、土建结构、运营管理等专业管理人员，以及与运营安全相适应的专业技术人员。

第九条　运营单位应当全程参与城市轨道交通工程项目按照规定开展的不载客试运行，熟悉工程设备和标准，察看系统运行的安全可靠性，发现存在质量问题和安全隐患的，应当督促城市轨道交通建设单位（以下简称建设单位）及时处理。

运营单位应当在运营接管协议中明确相关土建工程、设施设备、系统集成的保修范围、保修期限和保修责任，并督促建设单位将上述内容纳入建设工程质量保修书。

第十条　城市轨道交通工程项目验收合格后，由城市轨道交通运营主管部门组织初期运营前安全评估。通过初期运营前安全评估的，方可依法办理初期运营手续。

初期运营期间，运营单位应当按照设计标准和技术规范，对土建工程、设施设备、系统集成的运行状况和质量进行监控，发现存在问题或者安全隐患的，应当要求相关责任单位按照有关规定或者合同约定及时处理。

第十一条　城市轨道交通线路初期运营期满一年，运营单位应当向城市轨道交通运营主管部门报送初期运营报告，并由城市轨道交通运营主管部门组织正式运营前安全评估。通过安全评估的，方可依法办理正式运营手续。对安全评估中发现的问题，城市轨道交通运营主管部门应当报告城市人民政府，同时通告有关责任单位要求限期整改。

开通初期运营的城市轨道交通线路有甩项工程的，甩项工程完工并验收合格后，应当通过城市轨道交通运营主管部门组织的安全评估，方可投入使用。受客观条件限制难以完成甩项工程的，运营单位应当督促建设单位与设计单位履行设计变更手续。全部甩项工程投入使用或者履行设计变更手续后，城市轨道交通工程项目方可依法办理正式运营手续。

第十二条 运营单位承担运营安全生产主体责任，应当建立安全生产责任制，设置安全生产管理机构，配备专职安全管理人员，保障安全运营所必需的资金投入。

第十三条 运营单位应当配置满足运营需求的从业人员，按相关标准进行安全和技能培训教育，并对城市轨道交通列车驾驶员、行车调度员、行车值班员、信号工、通信工等重点岗位人员进行考核，考核不合格的，不得从事岗位工作。运营单位应当对重点岗位人员进行安全背景审查。

城市轨道交通列车驾驶员应当按照法律法规的规定取得驾驶员职业准入资格。

运营单位应当对列车驾驶员定期开展心理测试，对不符合要求的及时调整工作岗位。

第十四条 运营单位应当按照有关规定，完善风险分级管控和隐患排查治理双重预防制度，建立风险数据库和隐患排查手册，对于可能影响安全运营的风险隐患及时整改，并向城市轨道交通运营主管部门报告。

城市轨道交通运营主管部门应当建立运营重大隐患治理督办制度，督促运营单位采取安全防护措施，尽快消除重大隐患；对非运营单位原因不能及时消除的，应当报告城市人民政府依法处理。

第十五条 运营单位应当建立健全本单位的城市轨道交通运营设施设备定期检查、检测评估、养护维修、更新改造制度和技术管理体系，并报城市轨道交通运营主管部门备案。

运营单位应当对设施设备进行定期检查、检测评估，及时养护维修和更新改造，并保存记录。

第十六条 城市轨道交通运营主管部门和运营单位应当建立城市轨道交通智能管理系统，对所有运营过程、区域和关键设施设备进行监管，具备运行控制、关键设施和关键部位监测、风险管控和隐患排查、应急处置、安全监控等功能，并实现运营单位和各级交通运输主管部门之间的信息共享，提高运营安全管理水平。

运营单位应当建立网络安全管理制度，严格落实网络安全有关规定和等级保护要求，加强列车运行控制等关键系统信息安全保护，提升网络安全水平。

第十七条 城市轨道交通运营主管部门应当对运营单位运营安全管理工作进行监督检查，定期委托第三方机构组织专家开展运营期间安全评估工作。

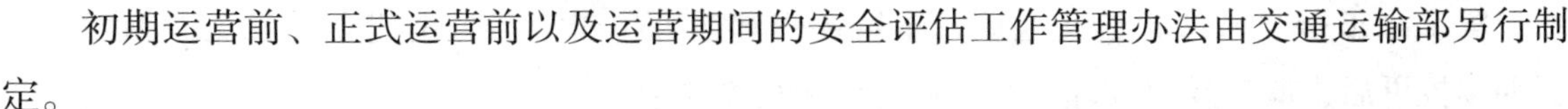

初期运营前、正式运营前以及运营期间的安全评估工作管理办法由交通运输部另行制定。

第十八条　城市轨道交通运营主管部门和运营单位应当建立城市轨道交通运营信息统计分析制度，并按照有关规定及时报送相关信息。

第三章　运营服务

第十九条　运营单位应当按照有关标准为乘客提供安全、可靠、便捷、高效、经济的服务，保证服务质量。

运营单位应当向社会公布运营服务质量承诺并报城市轨道交通运营主管部门备案，定期报告履行情况。

第二十条　运营单位应当根据城市轨道交通沿线乘客出行规律及网络化运输组织要求，合理编制运行图，并报城市轨道交通运营主管部门备案。

运营单位调整运行图严重影响服务质量的，应当向城市轨道交通运营主管部门说明理由。

第二十一条　运营单位应当通过标识、广播、视频设备、网络等多种方式按照下列要求向乘客提供运营服务和安全应急等信息：

（一）在车站醒目位置公布首末班车时间、城市轨道交通线网示意图、进出站指示、换乘指示和票价信息；

（二）在站厅或者站台提供列车到达、间隔时间、方向提示、周边交通方式换乘、安全提示、无障碍出行等信息；

（三）在车厢提供城市轨道交通线网示意图、列车运行方向、到站、换乘、开关车门提示等信息；

（四）首末班车时间调整、车站出入口封闭、设施设备故障、限流、封站、甩站、暂停运营等非正常运营信息。

第二十二条　城市轨道交通票价制定和调整按照国家有关规定执行。

城市轨道交通运营主管部门应当按照有关标准组织实施交通一卡通在轨道交通的建设与推广应用，推动跨区域、跨交通方式的互联互通。

第二十三条　城市轨道交通运营主管部门应当制定城市轨道交通乘客乘车规范，乘客应当遵守。拒不遵守的，运营单位有权劝阻和制止，制止无效的，报告公安机关依法处理。

第二十四条　城市轨道交通运营主管部门应当通过乘客满意度调查等多种形式，定期对运营单位服务质量进行监督和考评，考评结果向社会公布。

第二十五条 城市轨道交通运营主管部门和运营单位应当分别建立投诉受理制度。接到乘客投诉后，应当及时处理，并将处理结果告知乘客。

第二十六条 乘客应当持有效乘车凭证乘车，不得使用无效、伪造、变造的乘车凭证。运营单位有权查验乘客的乘车凭证。

第二十七条 乘客及其他人员因违法违规行为对城市轨道交通运营造成严重影响的，应当依法追究责任。

第二十八条 鼓励运营单位采用大数据分析、移动互联网等先进技术及有关设施设备，提升服务品质。运营单位应当保证乘客个人信息的采集和使用符合国家网络和信息安全有关规定。

第四章　安全支持保障

第二十九条 城市轨道交通工程项目应当按照规定划定保护区。

开通初期运营前，建设单位应当向运营单位提供保护区平面图，并在具备条件的保护区设置提示或者警示标志。

第三十条 在城市轨道交通保护区内进行下列作业的，作业单位应当按照有关规定制定安全防护方案，经运营单位同意后，依法办理相关手续并对作业影响区域进行动态监测：

（一）新建、改建、扩建或者拆除建（构）筑物；

（二）挖掘、爆破、地基加固、打井、基坑施工、桩基础施工、钻探、灌浆、喷锚、地下顶进作业；

（三）敷设或者搭架管线、吊装等架空作业；

（四）取土、采石、采砂、疏浚河道；

（五）大面积增加或者减少建（构）筑物载荷的活动；

（六）电焊、气焊和使用明火等具有火灾危险作业。

第三十一条 运营单位有权进入作业现场进行巡查，发现危及或者可能危及城市轨道交通运营安全的情形，运营单位有权予以制止，并要求相关责任单位或者个人采取措施消除妨害；逾期未改正的，及时报告有关部门依法处理。

第三十二条 使用高架线路桥下空间不得危害城市轨道交通运营安全，并预留高架线路桥梁设施日常检查、检测和养护维修条件。

地面、高架线路沿线建（构）筑物或者植物不得妨碍行车瞭望，不得侵入城市轨道交通线路的限界。沿线建（构）筑物、植物可能妨碍行车瞭望或者侵入线路限界的，责任单位应当及时采取措施消除影响。责任单位不能消除影响，危及城市轨道交通运营安全、情况紧急的，运营单位可以先行处置，并及时报告有关部门依法处理。

第三十三条　禁止下列危害城市轨道交通运营设施设备安全的行为：

（一）损坏隧道、轨道、路基、高架、车站、通风亭、冷却塔、变电站、管线、护栏护网等设施；

（二）损坏车辆、机电、电缆、自动售检票等设备，干扰通信信号、视频监控设备等系统；

（三）擅自在高架桥梁及附属结构上钻孔打眼，搭设电线或者其他承力绳索，设置附着物；

（四）损坏、移动、遮盖安全标志、监测设施以及安全防护设备。

第三十四条　禁止下列危害或者可能危害城市轨道交通运营安全的行为：

（一）拦截列车；

（二）强行上下车；

（三）擅自进入隧道、轨道或者其他禁入区域；

（四）攀爬或者跨越围栏、护栏、护网、站台门等；

（五）擅自操作有警示标志的按钮和开关装置，在非紧急状态下动用紧急或者安全装置；

（六）在城市轨道交通车站出入口 5 米范围内停放车辆、乱设摊点等，妨碍乘客通行和救援疏散；

（七）在通风口、车站出入口 50 米范围内存放有毒、有害、易燃、易爆、放射性和腐蚀性等物品；

（八）在出入口、通风亭、变电站、冷却塔周边躺卧、留宿、堆放和晾晒物品；

（九）在地面或者高架线路两侧各 100 米范围内升放风筝、气球等低空飘浮物体和无人机等低空飞行器。

第三十五条　在城市轨道交通车站、车厢、隧道、站前广场等范围内设置广告、商业设施的，不得影响正常运营，不得影响导向、提示、警示、运营服务等标识识别、设施设备使用和检修，不得挤占出入口、通道、应急疏散设施空间和防火间距。

城市轨道交通车站站台、站厅层不应设置妨碍安全疏散的非运营设施。

第三十六条　禁止乘客携带有毒、有害、易燃、易爆、放射性、腐蚀性以及其他可能危及人身和财产安全的危险物品进站、乘车。运营单位应当按规定在车站醒目位置公示城市轨道交通禁止、限制携带物品目录。

第三十七条　各级城市轨道交通运营主管部门应当按照职责监督指导运营单位开展反恐防范、安检、治安防范和消防安全管理相关工作。

鼓励推广应用安检新技术、新产品，推动实行安检新模式，提高安检质量和效率。

第三十八条 交通运输部应当建立城市轨道交通重点岗位从业人员不良记录和乘客违法违规行为信息库，并按照规定将有关信用信息及时纳入交通运输和相关统一信用信息共享平台。

第三十九条 鼓励经常乘坐城市轨道交通的乘客担任志愿者，及时报告城市轨道交通运营安全问题和隐患，检举揭发危害城市轨道交通运营安全的违法违规行为。运营单位应当对志愿者开展培训。

第五章 应 急 处 置

第四十条 城市轨道交通所在地城市及以上地方各级人民政府应当建立运营突发事件处置工作机制，明确相关部门和单位的职责分工、工作机制和处置要求，制定完善运营突发事件应急预案。

运营单位应当按照有关法规要求建立运营突发事件应急预案体系，制定综合应急预案、专项应急预案和现场处置方案。运营单位应当组织专家对专项应急预案进行评审。

因地震、洪涝、气象灾害等自然灾害和恐怖袭击、刑事案件等社会安全事件以及其他因素影响或者可能影响城市轨道交通正常运营时，参照运营突发事件应急预案做好监测预警、信息报告、应急响应、后期处置等相关应对工作。

第四十一条 运营单位应当储备必要的应急物资，配备专业应急救援装备，建立应急救援队伍，配齐应急人员，完善应急值守和报告制度，加强应急培训，提高应急救援能力。

第四十二条 城市轨道交通运营主管部门应当按照有关法规要求，在城市人民政府领导下会同有关部门定期组织开展联动应急演练。

运营单位应当定期组织运营突发事件应急演练，其中综合应急预案演练和专项应急预案演练每半年至少组织一次。现场处置方案演练应当纳入日常工作，开展常态化演练。运营单位应当组织社会公众参与应急演练，引导社会公众正确应对突发事件。

第四十三条 运营单位应当在城市轨道交通车站、车辆、地面和高架线路等区域的醒目位置设置安全警示标志，按照规定在车站、车辆配备灭火器、报警装置和必要的救生器材，并确保能够正常使用。

第四十四条 城市轨道交通运营突发事件发生后，运营单位应当按照有关规定及时启动相应应急预案。运营单位应当充分发挥志愿者在突发事件应急处置中的作用，提高乘客自救互救能力。

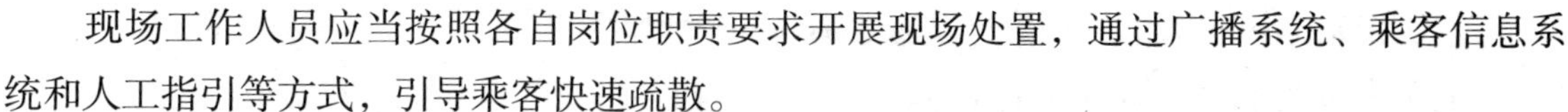

现场工作人员应当按照各自岗位职责要求开展现场处置，通过广播系统、乘客信息系统和人工指引等方式，引导乘客快速疏散。

第四十五条　运营单位应当加强城市轨道交通客流监测。可能发生大客流时，应当按照预案要求及时增加运力进行疏导；大客流可能影响运营安全时，运营单位可以采取限流、封站、甩站等措施。

因运营突发事件、自然灾害、社会安全事件以及其他原因危及运营安全时，运营单位可以暂停部分区段或者全线网的运营，根据需要及时启动相应应急保障预案，做好客流疏导和现场秩序维护，并报告城市轨道交通运营主管部门。

运营单位采取限流、甩站、封站、暂停运营措施应当及时告知公众，其中封站、暂停运营措施还应当向城市轨道交通运营主管部门报告。

第四十六条　城市轨道交通运营主管部门和运营单位应当建立城市轨道交通运营安全重大故障和事故报送制度。

城市轨道交通运营主管部门和运营单位应当定期组织对重大故障和事故原因进行分析，不断完善城市轨道交通运营安全管理制度以及安全防范和应急处置措施。

第四十七条　城市轨道交通运营主管部门和运营单位应当加强舆论引导，宣传文明出行、安全乘车理念和突发事件应对知识，培养公众安全防范意识，引导理性应对突发事件。

第六章　法 律 责 任

第四十八条　违反本规定第十条、第十一条，城市轨道交通工程项目（含甩项工程）未经安全评估投入运营的，由城市轨道交通运营主管部门责令限期整改，并对运营单位处以2万元以上3万元以下的罚款，同时对其主要负责人处以1万元以下的罚款；有严重安全隐患的，城市轨道交通运营主管部门应当责令暂停运营。

第四十九条　违反本规定，运营单位有下列行为之一的，由城市轨道交通运营主管部门责令限期改正；逾期未改正的，处以5 000元以上3万元以下的罚款，并可对其主要负责人处以1万元以下的罚款：

（一）未全程参与试运行；

（二）未按照相关标准对从业人员进行技能培训教育；

（三）列车驾驶员未按照法律法规的规定取得职业准入资格；

（四）列车驾驶员、行车调度员、行车值班员、信号工、通信工等重点岗位从业人员未经考核上岗；

（五）未按照有关规定完善风险分级管控和隐患排查治理双重预防制度；

（六）未建立风险数据库和隐患排查手册；

（七）未按要求报告运营安全风险隐患整改情况；

（八）未建立设施设备检查、检测评估、养护维修、更新改造制度和技术管理体系；

（九）未对设施设备定期检查、检测评估和及时养护维修、更新改造；

（十）未按照有关规定建立运营突发事件应急预案体系；

（十一）储备的应急物资不满足需要，未配备专业应急救援装备，或者未建立应急救援队伍、配齐应急人员；

（十二）未按时组织运营突发事件应急演练。

第五十条 违反本规定第十八条、第四十六条，运营单位未按照规定上报城市轨道交通运营相关信息或者运营安全重大故障和事故的，由城市轨道交通运营主管部门责令限期改正；逾期未改正的，处以 5 000 元以上 3 万元以下的罚款。

第五十一条 违反本规定，运营单位有下列行为之一，由城市轨道交通运营主管部门责令限期改正；逾期未改正的，处以 1 万元以下的罚款：

（一）未向社会公布运营服务质量承诺或者定期报告履行情况；

（二）运行图未报城市轨道交通运营主管部门备案或者调整运行图严重影响服务质量的，未向城市轨道交通运营主管部门说明理由；

（三）未按规定向乘客提供运营服务和安全应急等信息；

（四）未建立投诉受理制度，或者未及时处理乘客投诉并将处理结果告知乘客；

（五）采取的限流、甩站、封站、暂停运营等措施，未及时告知公众或者封站、暂停运营等措施未向城市轨道交通运营主管部门报告。

第五十二条 违反本规定第三十二条，有下列行为之一，由城市轨道交通运营主管部门责令相关责任人和单位限期改正、消除影响；逾期未改正的，可以对个人处以 5 000 元以下的罚款，对单位处以 3 万元以下的罚款；造成损失的，依法承担赔偿责任；情节严重构成犯罪的，依法追究刑事责任：

（一）高架线路桥下的空间使用可能危害运营安全的；

（二）地面、高架线路沿线建（构）筑物或者植物妨碍行车瞭望、侵入限界的。

第五十三条 违反本规定第三十三条、第三十四条，运营单位有权予以制止，并由城市轨道交通运营主管部门责令改正，可以对个人处以 5 000 元以下的罚款，对单位处以 3 万元以下的罚款；违反治安管理规定的，由公安机关依法处理；构成犯罪的，依法追究刑事责任。

第五十四条 城市轨道交通运营主管部门不履行本规定职责造成严重后果的，或者有其他滥用职权、玩忽职守、徇私舞弊行为的，对负有责任的领导人员和直接责任人员依法给

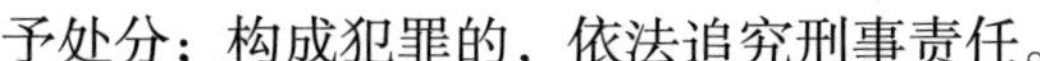

予处分；构成犯罪的，依法追究刑事责任。

第五十五条　地方性法规、地方政府规章对城市轨道交通运营违法行为需要承担的法律责任与本规定有不同规定的，从其规定。

第七章　附　　则

第五十六条　本规定自 2018 年 7 月 1 日起施行。

参考文献

1. 崔立秋. 城市轨道交通运营安全管理模式研究［M］. 北京：北京交通大学出版社，2009.

2. 劳动和社会保障部教材办公室，广州市地下铁道总公司. 城市轨道交通运营安全［M］. 北京：中国劳动社会保障出版社，2010.

3. 中国铁路总公司. 铁路技术管理规程（普速铁路部分）［M］. 北京：中国铁道出版社，2014.

4. 王艳辉，祝凌曦. 城市轨道交通运营安全管理方法与技术［M］. 北京：北京交通大学出版社，2011.

5. 杨旭丽. 城市轨道交通车站设备使用与维护［M］. 北京：中国建材工业出版社，2017.

6. 朱爱华. 城市轨道交通设备［M］. 北京：北京交通大学出版社，2011.

7. 刘煜，何晓凤. 城市轨道交通运营安全［M］. 重庆：重庆大学出版社，2013.

8. 孟祥虎，孙巧玲. 城市轨道交通应急处理［M］. 北京：人民交通出版社股份有限公司，2018.

9. 耿幸福，宁斌. 城市轨道交通运营安全［M］. 北京：人民交通出版社，2010.